TABLEAU
DES INFRACTIONS
ET
DES PEINES
EN MATIÈRE DE DOUANES.

OUVRAGE utile aux Préposés de cette Administration pour la rédaction des procès verbaux de saisies, et nécessaire au Commerce pour la connoissance des formalités prescrites à peine de confiscations, amendes, etc.

PAR DUJARDIN-SAILLY.

PARIS,

Chez L'AUTEUR;

S'adresser, par lettres affranchies,

A M. VINCENT, rue des Noyers Saint-Jacques, N° 45.

MAI 1817.

Le prix de cet ouvrage, rendu franc de port dans les bureaux, est d'un franc quatre-vingts centimes.

FAUTES D'IMPRESSION A CORRIGER.

N° 9, *Avant dernière ligne*, *il y a :* des faits de *faude ;* il faut : des faits de *fraude.*

N° 115, *Ligne* 6, *il y a :* quadruple de droit; *il faut :* quadruple des droits.

N° 119, *Ligne* 11, *il y a :* au-dessus du poids énoncé; *il faut :* au-dessus du dixième du poids énoncé.

N° 241, *On y cite la loi du* 27 mars 1817; *il faut :* 25 mars 1817, *car c'est la loi sur les finances, et non celle sur les douanes, qui prononce la peine de concussion pour perceptions autres que celles autorisées par les lois.*

INSTRUCTION PRÉLIMINAIRE.

1. Cet ouvrage renferme les dispositions pénales des lois en vigueur, soit spéciales ou afférentes aux matières de Douanes.

J'ai pensé que le moyen de le rendre méthodique étoit d'attribuer à chacune des dénominations dont je me suis servi pour différencier les infractions, une signification tellement exclusive, que le nom seul de l'infraction pût faire connoître, à la fois, le juge devant lequel l'affaire doit être portée, et l'espèce de peine à provoquer... J'ai en conséquence appelé :

1° CRIME DE CONTREBANDE, l'infraction que les lois soumettent à la compétence des Cours prévôtales, et punissent d'une peine afflictive ou infamante;

2° DÉLIT DE FRAUDE, l'infraction soumise par les lois à la juridiction des Tribunaux correctionnels, et à l'application des peines correctionnelles;

3° CONTRAVENTION DE DOUANES, l'infraction que les lois laissent à la connoissance des Juges de Paix, et ne punissent que de la confiscation des objets saisis ou de peines pécuniaires.

4° INFRACTIONS MIXTES, celles (*soit crimes, délits ou contraventions*) dans lesquelles la matière ou l'intervention des Douanes n'est qu'accessoire, et qui se poursuivent à la requête du Ministère public, ou que les préposés des Douanes sont appelés à constater, mais au nom seulement des administrations particulières qu'elles concernent.

Chacune de ces quatre dénominations réglant ainsi l'ordre de la compétence et le degré de la peine, est d'ailleurs employée comme titre spécial des grandes divisions, qui ont été subdivisées en chapitres et sections, conformément à la Table synoptique ci-après.

Enfin, et toujours dans l'objet de faire ressortir les différences, j'ai fait imprimer les cas d'infractions sur les pages *paires*, et les dispositions qui les punissent sur les pages *impaires*, de sorte que lorsqu'on aura à poursuivre le cas repris sous le N° 2, il suffira, pour trouver la peine à invoquer, de lire le N° 3 qui est en regard, et ainsi de suite des numéros pairs aux numéros impairs.

MATIÈRE.	TITRES.	CHAPITRES.	
INFRACTIONS AUX LOIS DE DOUANES.	TITRE I. Des Crimes de contrebande....	*Chapitre unique.* Des cas prévôtaux...........	A.
	TITRE II. Des Délits de fraude.......	*Chapitre unique.* Des cas correctionnels.........	B.
	TITRE III. Des Contraventions de douanes. (*cas civils.*)...	*Chap.* I. Du transport illicite des marchandises dans l'étendue du territoire soumis à l'exercice des douanes. .	C.
		Chap. II. Du défaut de déclarations dans les bureaux, et de la fausseté des déclarations quant à l'acquittement des droits........	D.
		Chap. III. De l'abus des faveurs accordées au commerce..............	E.
		Chap. IV. Des dépôts illicites dans le rayon de terre. .	F.
		Chap. V. Du régime particulier de certaines marchandises..............	G.
		Chap. VI. Dispositions particulières aux personnes.	H.
	TITRE IV. Des Infractions mixtes. .	*Chap.* I. Des crimes de douanes étrangers à la contrebande..........	I.
		Chap. II. Des infractions étrangères aux douanes, mais que ses préposés sont appelés à constater.....	K.

CHAPITRE UNIQUE.—*Des CAS PRÉVOTAUX en matière de Douanes.*

2. Les Cours prévôtales continueront à connoître des crimes de rébellion et de contrebande avec attroupement et port d'armes, précédemment attribués aux Cours spéciales. (*Loi du* 28 *avril* 1816, *art.* 54.)

Il y a crime de *Rébellion armée à la force armée* dans le sens de l'art. 554 du Code d'instruction criminelle, ou crime de *contrebande avec attroupement et port d'armes* dans le sens de l'art. 3 de la loi du 13 floréal an 11, lorsque la rébellion, ou la contrebande armée, est faite par trois personnes, ou plus, et que dans le nombre, une ou plusieurs sont porteurs d'armes en évidence ou cachées, tels que fusils, pistolets, et autres armes à feu; sabres, épées, poignards, massues, et généralement de tous instrumens tranchans, perçans ou contondans.

Ni les cannes ordinaires sans dards ni ferremens, ni les couteaux fermant et servant aux usages ordinaires, ne sont réputés armes. (*Voir* Législation des Douanes par DUJARDIN-SAILLY, N° 1154.)

NOTA. Quoique l'ouvrage ci-dessus soit, comme celui-ci, sans caractère officiel, j'ai cru cependant devoir y renvoyer, parce qu'il est entre les mains de presque tous les employés, et qu'outre les termes des articles de lois invoqués ici, il renferme aussi la jurisprudence de la Cour de Cassation sur des cas qui se renouvellent tous les jours.... C'est, au surplus, une pure surabondance, car ces renvois n'ont d'autre objet que de faciliter une étude plus approfondie de la matière.

4. Seront également justiciables des Cours prévôtales les préposés des douanes prévenus de forfaiture, comme ayant fait eux-mêmes la contrebande, ou s'étant laissé corrompre pour la favoriser; et il ne sera pas besoin alors de l'autorisation du gouvernement pour leur mise en jugement. (28 *avril* 1816, *art.* 55.)

CHAPITRE UNIQUE.—*Des PEINES AFFLICTIVES ou infamantes pour crimes de Douanes.*

3. Arrestation des prévenus et de leurs complices, et leur traduction à la cour prévôtale, pour faire prononcer:

1° Les peines afflictives ou infamantes portées par les lois. (20 *décembre* 1814, *art.* 44.)

2° La confiscation des objets saisis et l'amende. (28 *avril* 1816, *art.* 51.) *Voir* N° 7.

3° Les dommages et intérêts. (28 *avril* 1816, *art.* 56.)

Les peines afflictives ou infamantes sont:

Pour la rébellion armée contre la Douane, qui est une force armée, soit la *peine de mort*, s'il y a eu meurtre (*art.* 304 *du Code pénal*); soit la *peine des travaux forcés à temps*, si la rébellion a été commise par plus de vingt personnes armées (*art.* 210 *du même Code*); soit la *peine de réclusion*, si la rébellion a été commise par une réunion armée de trois personnes ou plus, jusqu'à vingt inclusivement. (*Art.* 211 *dudit Code.*)

Pour la contrebande armée, la peine de mort.

Sont complices, et punis comme les contrebandiers, les assureurs de la contrebande.

Sont aussi complices, et punis comme tels, ceux qui sciemment auroient favorisé ou protégé les coupables dans les faits qui ont préparé ou suivi la contrebande; mais s'ils ignoroient qu'elle étoit faite avec attroupement et port d'armes, ils ne seront condamnés qu'à la peine des fers pour quinze ans au plus, et dix ans au moins, suivant la gravité des circonstances. (13 *floréal an* 11, *art.* 4.)

Pourront les tribunaux, lorsque les contrebandiers n'auront point fait usage de leurs armes, ne prononcer contre eux que la peine portée au dernier paragraphe du précédent article, contre ceux qui auroient favorisé ou protégé la contrebande, ne sachant pas qu'elle étoit faite avec attroupement et port d'armes. (*Même loi*, *art.* 6.)

5. Application des peines infligées aux contrebandiers par suite de l'article 178 du Code pénal.

CAS PRÉVOTAUX.

6. Seront justiciables des Cours prévôtales les prévenus de toute importation prohibée ou frauduleuse, si, étant à cheval, ils sont au nombre de trois et plus; et si, étant à pied, ils sont en nombre supérieur à six. (28 *avril* 1816, *art.* 48.)

Nota. Il y a encore, en matière de douanes, d'autres infractions réputées CRIMES par les lois: mais comme la connoissance de ces crimes appartient aux Cours d'assises, et qu'ils sont d'ailleurs étrangers aux faits de contrebande, on n'a pas dû les comprendre sous ce titre, mais il en sera parlé au TITRE IV, *DES INFRACTIONS MIXTES.* *Voir* Nos 232 et suivans.

PEINES AFFLICTIVES OU INFAMANTES.

7. Saisie des marchandises et moyens de transport; arrestation des prévenus, et leur traduction à la Cour prévôtale. (28 *avril* 1816, *art.* 49 *et* 50.)

Tout fait de contrebande de compétence prévôtale entraînera,

1° La confiscation des marchandises et des moyens de transport;

2° Une amende solidaire de mille francs, si l'objet de la confiscation n'excède pas cette somme; ou du double de la valeur des objets confisqués, si cette valeur excède mille francs;

3° Un emprisonnement qui ne pourra être moindre de six mois ni excéder trois ans. (28 *avril* 1816, *art.* 51.)

4° Les dommages et intérêts. (*Même loi*, *art.* 56.)

Le prévôt sera tenu de faire d'office toutes les poursuites nécessaires pour découvrir les entrepreneurs, assureurs, et généralement tous les intéressés à ladite contrebande. (28 *avril* 1816, *art.* 52.)

Ceux qui, par l'effet de ces poursuites, seroient jugés coupables d'avoir participé, comme assureurs, comme ayant fait assurer, ou comme intéressés d'une manière quelconque à un fait de contrebande, deviendront solidaires de l'amende, et passibles de l'emprisonnement prononcé. (28 *avril* 1816, *art.* 53, *paragraphe* 1.)

Ils seront en outre déclarés incapables de se présenter à la Bourse, d'exercer les fonctions d'agent de change ou de courtier, de voter dans les assemblées tenues pour l'élection des commerçans ou des prud'hommes, et d'être élus pour aucune de ces fonctions tout aussi long-temps qu'ils n'auront pas été relevés de cette incapacité par lettres de Sa Majesté. (*Même art.* 53, *paragraphe* 2.)

A cet effet, le procureur du roi, chargé du ministère public près la Cour, enverra aux procureurs généraux près les Cours royales, ainsi qu'à tous les directeurs de douanes, des extraits des arrêts de la Cour relatifs à ces individus, pour être affichés et rendus publics dans tous les auditoires, bourses et places de commerce, et pour être insérés dans les journaux, conformément à l'art. 457 du Code de commerce. (*Même art.* 53, *paragraphe* 3.)

CHAPITRE UNIQUE.—*Des CAS CORRECTIONNELS en matière de Douanes.*

8. IMPORTATION PAR TERRE. Pour toute importation par terre d'objets prohibés, et pour toute introduction frauduleuse d'objets tarifés dont le droit seroit de vingt francs par quintal métrique et au-dessus.

OBS. L'article 22 de la loi du 28 avril 1816 veut que les marchandises ci-après :

Sucres bruts et terrés,
Café, Cacao et Thé,
Poivre et Piment, Girofle, Cannelle et Cassia-lignea, Muscade et Macis,
Indigo, Cochenille et Orseille, Rocou, Gommes et Résines autres que d'Europe,
Bois exotiques de teinture et d'ébénisterie,
Coton en laine,
Ivoire, Caret et Nacre de perle,
Nankin des Indes;

soient importées exclusivement, et sans exception des petites quantités, par les seuls ports d'entrepôts; ainsi ces marchandises se trouvent rangées parmi celles prohibées quant à leur importation par terre.

NOTA. Pour les importations illicites PAR MER, *voir* N°s 20 à 40, et pour les introductions d'objets tarifés à moins de 20 fr., *voir* N°s 42 à 60.

CHAP. UNIQUE.—*Des PEINES CORRECTIONNELLES pour délits de Douanes.*

9. Saisie des marchandises et de leurs moyens de transport; arrestation des prévenus, et leur traduction devant le tribunal correctionnel, pour faire prononcer,

1° La confiscation des objets saisis;

2° Une amende solidaire; elle sera de cinq cents fr. quand la valeur de l'objet de *fraude* n'excédera pas cette somme; et, dans le cas contraire, elle sera égale à la valeur de l'objet. (28 *avril* 1816, *art.* 41);

3° La peine d'emprisonnement. (*Même loi, art.* 42.)

Si ces importations ou introductions ont été commises par moins de trois individus, l'emprisonnement sera d'un mois au plus, et pourra être réduit à trois jours, lorsque l'objet de fraude n'excédera pas dix mètres, si ce sont des tissus: ou cinq kilogrammes, si ce sont d'autres marchandises. (28 *avril* 1816, *art.* 43)

Dans le cas où elles auroient été commises par une réunion de trois individus au plus, jusqu'à six inclusivement, (*mais à pied seulement, car plus de deux à cheval rend le cas prévôtal*) l'emprisonnement sera d'un an au plus, et de trois mois au moins. (*Même loi, art.* 44.)

Le prévenu qui n'auroit pas été mis en arrestation sera cité à comparoître en personne devant le Tribunal correctionnel: la citation lui sera donnée à son domicile, s'il réside dans le ressort du Tribunal, et, dans le cas contraire, elle lui sera donnée au domicile du procureur du roi près ce même Tribunal. (*Même loi, art.* 45.)

Le procureur du roi près ledit Tribunal sera tenu de diriger les mêmes recherches et poursuites prescrites aux prévôts par l'art. 52 de la loi du 28 avril 1816, *rapporté sous* le N° 7 *ci-dessus*, et les dispositions des deuxième et troisième paragraphes de l'article 55 (*Voir aussi sous le* N° 7), seront applicables à tous individus qui auroient été déclarés coupables d'avoir participé, soit comme assureurs, soit comme ayant fait assurer, soit comme intéressés d'une manière quelconque à des faits de *fraude* dont la connoissance est attribuée aux Tribunaux correctionnels. (28 *avril* 1816, *art.* 55, *dernier paragraphe.*)

CAS CORRECTIONNELS.

10. Les marchandises de la classe de celles prohibées à l'entrée, ou dont l'admission est réservée à certains bureaux, seront réputées avoir été introduites en fraude dans tous les cas d'*infractions* ci-après indiqués:

1° Lorsqu'elles seront trouvées dans le rayon des frontières *de terre*, sans être munies d'un acquit de paiement, passavant ou autre expédition valable pour la route qu'elles tiendront, et pour le temps dans lequel se fera le transport, à moins qu'elles ne viennent de l'intérieur par la route qui conduira directement au premier bureau de deuxième ligne;

2° Lorsque même, étant accompagnées d'une expédition portant l'obligation expresse de la faire viser à un bureau de passage, elles auront dépassé ce bureau sans que ladite obligation ait été remplie;

3° Lorsqu'ayant été chargées sur le rayon des frontières et amenées au bureau ou représentées aux préposés pour être mises en circulation avec passavant dans les circonstances où les règlemens permettent ce transport préalable, elles se trouveront dépourvues de pièces justificatives de leur extraction légale de l'étranger ou de l'intérieur, ou de leur fabrication dans le rayon des frontières;

4° Lorsqu'elles auront été reçues en magasin ou en dépôt dans le rayon des frontières, en contravention aux ordonnances qui désigneront les communes où ces magasins et dépôts pourront être établis, et caractériseront ceux qui sont interdits comme frauduleux. (28 *avril* 1816, *art.* 38.)

PEINES CORRECTIONNELLES.

11. Saisie des marchandises désignées en l'article ci-contre, à quelque distance qu'elles puissent être arrêtées dans l'intérieur, s'il peut être constaté par le procès verbal en bonne forme, rédigé par les préposés saisissans,

1° Qu'elles ont franchi la limite du rayon; et qu'ils les ont poursuivies, sans que leur transport ni leur poursuite aient été interrompus, jusqu'au moment où ils auront atteint et arrêté ce transport sur les routes ou en pleine campagne, ou jusqu'à celui de l'introduction des marchandises dans une maison ou autre bâtiment, dans le cas de poursuite prévu à l'article 36 du titre 13 de la loi du 22 août 1791. (*Législation*, N° 123.)

2° Que lesdites marchandises sont dépourvues, au moment de la saisie, de l'expédition qui étoit nécessaire pour les transporter ou faire circuler dans le rayon des frontières. (28 *avril* 1816, *art.* 39.)

Observ. On procédera d'ailleurs comme pour importation frauduleuse. *Voir* N° 9.

Note sur le § 4° *du* N° 10. Jusqu'à la promulgation des ordonnances du Roi annoncées par ce paragraphe 4°, l'entrepôt frauduleux restera caractérisé par les circonstances résultantes de la combinaison des articles 37 et 38 du titre 13 de la loi du 28 août 1791, avec les dispositions de l'arrêté du 22 thermidor an 10, maintenu en vigueur par l'art. 7 de l'ordonnance royale du 27 juin 1814.

Ainsi se trouvent en entrepôts frauduleux:

1° *Punissables de peines correctionnelles*, *par connexité des art.* 38 *et* 41 *de la loi du* 28 *avril* 1816, les marchandises de la nature de celles prohibées ou assujetties à un droit d'entrée de 20 fr. du quintal, ou de 10 pour cent de la valeur, dont on ne justifieroit pas l'origine française ou l'introduction légale.

2° *Punissables de peines civiles*, les marchandises dont la sortie est prohibée ou assujettie à des droits. *Voir* N° 124.

CAS CORRECTIONNELS.

12. Les cotons filés, les tissus et tricots de coton et de laine, et tous autres tissus de fabrique étrangère prohibés, ayant dû être déclarés et réexportés par acquit-à-caution. (28 *avril* 1816, *art.* 59.)

Si lesdits tissus et cotons filés sont trouvés en dépôt dans la ligne des douanes ou dans l'intérieur.

14. ARMES des modèles et calibres DE GUERRE, soit à feu ou blanches, montées ou en pièces détachées, que des particuliers tenteroient d'exporter;

Et les mêmes armes de guerre, étrangères ou de modèles français, qui seroient importées (*soit par mer ou par terre*) sans une autorisation du Ministre de la guerre.

PEINES CORRECTIONNELLES.

13. Ils seront saisis par les préposés des douanes ou par les Juges de Paix, Maires, Officiers municipaux et Commissaires de police. (30 *avril* 1816, *art.* 62.)

Si de la vérification des échantillons qui auront été prélevés lors de la saisie, ou, en cas de doute, de l'absence des preuves de nationalité que le jury assermenté est autorisé à exiger des parties saisies, il résulte que lesdites marchandises sont d'origine étrangère. (*Même loi*, *art.* 65.)

Les poursuites seront dirigées par le Procureur du Roi près le Tribunal correctionnel dans le ressort duquel le dépôt des marchandises saisies aura été effectué.

Et les délinquans seront condamnés à la confiscation desdites marchandises, avec amende de cinq cents francs. (28 *avril* 1816, *art.* 66.)

15. Saisie et confiscation desdites armes de guerre, et les individus seront condamnés correctionnellement, selon la gravité des cas, en une amende de trois cents francs au plus, et un emprisonnement qui ne pourra excéder trois mois;

En cas de récidive, la peine sera double. (*Ordonnance royale du* 24 *juillet* 1816, *art.* 5 *et* 15.)

Obs. Outre les peines ci-dessus, il faut encore poursuivre l'application des art. 1 et 3 du titre 5 de la loi du 22 août 1791, qui prononcent la confiscation des moyens de transport dans tous les cas d'importation ou d'exportation de marchandises prohibées.

CAS CORRECTIONNELS.

16. GRAINS. *Lorsque la prohibition de sortie existe*, si l'on transporte des grains ou farines, soit de nuit ou sans passavant, dans la distance de 5 kilomètres (*une lieue*) en-deçà des frontières de terre, et de 25 hectomètres (*une demi-lieue*) des côtes maritimes.

NOTA. Sont exceptés de la formalité du passavant les grains portés de jour au moulin, et les farines en revenant, dont le poids n'excédera pas soixante kilogrammes. (22 *ventôse an* 5, *art.* 3.)

Mais toute autre circulation dans les distances ci-dessus, et l'entrepôt frauduleux dans les 5 kilomètres des frontières de terre, donnent également lieu à l'application des peines ci-contre. (*Législation*, Nos 455 *et suivans.*)

18. SELS. Pour infraction à l'impôt de consommation sur le Sel, si la fraude est commise par une réunion de trois individus et plus.

OBS. Cet article est applicable aux frontières de mer comme à celles de terre, mais il ne l'est qu'aux Sels de France... S'il s'agissoit de Sels étrangers, il faudroit procéder pour importation prohibée. *Voir ci-devant*, N° 9 ou 27.

Et pour récidive d'une infraction *individuelle* à l'impôt du Sel.

NOTA. La disposition *Récidive* ne concerne que l'individu qui, depuis la loi du 17 décembre 1814 seulement, auroit été traduit devant le Juge de Paix pour contravention aux règlemens relatifs à la perception de cette taxe.

Pour les autres infractions aux Sels, voir Nos 138 à 191.

NOTA. *Il y a encore d'autres Cas correctionnels que les préposés sont appelés à constater; mais, attendu qu'ils ne se poursuivent ni au nom de l'Administration des douanes, ni comme fraude de douanes, ils ont été rassemblés au TITRE IV*, DES INFRACTIONS MIXTES.

PEINES CORRECTIONNELLES.

17. Saisie des grains, farines et moyens de transport; traduction des prévenus devant le Tribunal correctionnel, pour faire prononcer contre les conducteurs ou propriétaires,

1° La confiscation des objets saisis; (26 *ventôse an* 5, *art.* 2.)

2° Une amende de dix francs par cinq myriagrammes de grains, et douze francs par cinq myriagrammes de farine; (*Même loi*, *art.* 6.)

3° Un emprisonnement, s'il y a lieu.

19. Saisie des sels et des moyens de transport; arrestation des prévenus, et leur traduction devant le Tribunal correctionnel, pour faire prononcer,

1° La confiscation des objets saisis;

2° Une amende individuelle, qui ne pourra être moindre de deux cents francs, ni excéder cinq cents francs;

3° Un emprisonnement de quinze jours au moins, et de deux mois au plus. (17 *décembre* 1814, *titre* 4, *art.* 30.)

NOTA. *Mêmes peines pour la* RÉCIDIVE, *et l'individu peut en être reconnu coupable, soit par le rapport dûment rédigé et non argué de faux, soit par l'instruction du Juge de Paix, qui alors renvoie le prévenu devant le Tribunal correctionnel.* (17 *décembre* 1814, *art.* 31.)

CHAPITRE Ier.—*Du transport illicite des Marchandises dans l'étendue du territoire soumis à l'exercice des Douanes.*

SECTION Ire.—*De ce transport dans les limites du service des douanes sur les frontières maritimes.*

CAS CIVILS.

20. Aucune marchandise ne pouvant être importée par mer, soit d'un port étranger, soit d'un port français, sans un manifeste signé du capitaine, qui exprime la nature de la cargaison, avec les marques et numéros en toutes lettres des caisses, balles, barils, boucauts, etc. (4 *germinal an* 2, *tit.* 2, *art.* 1.), et le capitaine, arrivé dans les quatre lieues de la côte, devant remettre, lorsqu'il en est requis, une copie du manifeste au préposé qui vient à son bord, et qui en vise l'original. (*Même loi*, *art.* 3.)

Si le manifeste n'est pas exhibé, si quelques marchandises n'y sont pas comprises, ou s'il y a différence entre les marchandises et le manifeste. (*Législation*, Nos 294, 305 et 306.)

22. Des préposés de douanes pouvant être mis, soit avant, soit après la déclaration, à bord de tous les bâtimens entrant dans les ports et rades de France et en sortant, et même à l'embouchure et dans le cours des rivières,

Si les capitaines et officiers des bâtimens refusoient de recevoir lesdits préposés, et de leur ouvrir les chambres et armoires desdits bâtimens, à l'effet d'y faire les visites nécessaires pour prévenir la fraude. (*Législation*, N° 117.)

24. Les capitaines et autres officiers et préposés sur les bâtimens du service des douanes pouvant visiter tous bâtimens au-dessous de cent tonneaux, étant à l'ancre ou louvoyant dans les 2 *myriamètres* des côtes de France, hors le cas de force majeure :

Si ces bâtimens ont à bord des marchandises dont l'entrée ou la sortie est prohibée en France. (*Législation*, N° 114.)

CHAPITRE Ier.—*Des peines encourues pour le transport illicite des Marchandises dans le territoire des Douanes.*

SECTION Ire.—*De ces peines pour transport illicite dans les limites du service sur les frontières maritimes.*

PEINES PÉCUNIAIRES.

21. Retenue du bâtiment et des marchandises pour sûreté du paiement des peines pécuniaires. (22 *août* 1791, *tit.* 2, *art.* 4.)

Le capitaine sera traduit devant le Juge de Paix, et personnellement condamné,

1° A une somme égale à la valeur des marchandises omises ou différentes;

2° A une amende de mille francs. (4 *germinal an* 2, *tit.* 2, *art.* 2.)

23. Amende de cinq cents francs et déchéance de leur grade. (22 *août* 1791, *tit.* 13, *art.* 8.)

NOTA. *Ils seroient en outre passibles des condamnations dérivant des contraventions qui seroient découvertes.*

25. Saisie des navires et cargaisons, et traduction des capitaines devant le Juge de Paix, pour faire prononcer,

1° La confiscation des navires et des cargaisons;

2° Une amende de cinq cents fr. contre les capitaines des bâtimens. (4 *germinal an* 2, *tit.* 2, *art.* 7.)

OBS. Lorsqu'il s'agira de marchandises prohibées *à l'entrée*, dont la valeur excédera la somme de cinq cents fr., il faudra invoquer l'art. 13 de la loi du 27 mars 1817, qui prononce, pour ce cas, les peines voulues par l'art. 12 de la même loi, c'est-à-dire, une amende égale à la valeur de l'objet saisi. Voir N° 27.

CAS CIVILS.

26. Marchandises prohibées à l'entrée, que l'on tenteroit d'introduire par mer dans l'étendue de la France :

Sont dans ce cas les marchandises prohibées que les préposés des douanes auront vu charger à bord de toute espèce de bâtimens de mer, ou mettre à terre. (*Législation*, N° 266 et 267.)

28. Marchandises prohibées à la sortie, que l'on tenteroit d'exporter par mer, et lesdites marchandises transportées d'un port de la France à un autre port de la France sans être accompagnées d'un acquit-à-caution. (*Législation*, N° 268.)

30. Marchandises sujettes aux droits, et devant sortir par mer, qui ne seroient pas transportées, immédiatement après le paiement de ces droits, sur les bâtimens destinés à les recevoir, et qu'on feroit, hors les cas d'avaries, de naufrage, et autres semblables, rentrer dans les magasins des marchands, ou entreposer dans d'autres maisons. (*Législation*, N° 295.)

32. Marchandises embarquées ou débarquées autrement qu'en plein jour, et avec permis de la douane (4 *germinal an* 2, *tit.* 6, *art.* 1),

Ou Marchandises chargées ou déchargées des navires sans le congé ou la permission par écrit des préposés des douanes. (*Législation*, N°s 296 et 297.)

PEINES PÉCUNIAIRES.

27. Confiscation des marchandises ainsi que des bâtimens et équipages servant au transport. Les propriétaires desdites marchandises, maîtres de bâtimens et autres préposés à la conduite seront solidairement condamnés en une amende de cinq cents fr. quand la valeur de l'objet *prohibé* n'excédera pas cette somme, et, dans le cas contraire, en une amende égale à l'objet. (17 *décembre* 1814, *art.* 15, *remis en vigueur par l'art.* 12 *de la loi du* 27 *mars* 1817)

29. Application des peines prononcées par l'art. 1 du titre 5 de la loi du 22 août 1791. (22 *août* 1791, *tit.* 5, *art.* 3.)

Ces peines sont :

1° La confiscation des marchandises et des bâtimens de mer.

2° Les propriétaires desdites marchandises et les maîtres des bâtimens seront en outre condamnés solidairement à l'amende de cinq cents fr., sauf leur recours contre les marchands et propriétaires, lorsqu'ils auront été induits en erreur par l'énonciation des lettres de voitures, connoissemens et chartes-parties, et leurs dommages et intérêts. (22 *août* 1791, *tit.* 5, *art* 1.)

31. Confiscation et amende de cent francs. (22 *août* 1791, *tit.* 2, *art.* 26.)

33. Confiscation des marchandises, et amende de cent francs. (22 *août* 1791, *tit.* 2, *art.* 13.)

Obs. Cet article n'est applicable qu'aux marchandises tarifées. Or, si celles déchargées ou débarquées sont prohibées à l'*entrée*, il faut procéder comme il est indiqué au N° 27. Et si celles chargées ou embarquées sont prohibées à la *sortie*, il faut invoquer les peines énoncées sous le N° 29.

CAS CIVILS.

34. Capitaines ou maîtres de bâtimens qui se seroient mis en mer ou sur les rivières y affluentes, sans être porteurs de l'acquit de paiement des droits ou autres expéditions, suivant les circonstances. (*Législation*, N° 297.)

36. Marchandises transportées du port dans les navires, ou des navires dans le port, par le moyen d'alléges, avec un permis du bureau, énonçant les quantités et qualités dont chaque allége sera chargée,

Et marchandises soumises aux droits et à la prohibition de sortie, également transportées par alléges d'un bureau à un autre bureau, avec acquit-à-caution.

Desquelles on feroit, dans l'un ou l'autre cas, les versemens de bord à bord ou les déchargemens à terre, sans la présence des commis des douanes. (*Législation*, N° 300.)

38. Les Tissus de toutes espèces, la Bonneterie, la Rubanerie et les Cotons filés; les Sucres, soit bruts, terrés ou raffinés; les Cafés et autres denrées coloniales; les Poissons salés et les Tabacs en feuilles ou fabriqués, qui seroient transportés ou qu'on feroit circuler *pendant la nuit* dans la distance d'un myriamètre des côtes.

Et les mêmes objets transportés ou circulant *de nuit* dans la distance d'un myriamètre des rives des fleuves, rivières et canaux qui conduisent de la mer dans les ports intérieurs, mais seulement jusqu'au point où il existe des bureaux de douanes. (*Législation*, N° 365.)

40. Marchandises dont l'entrée et la sortie sont restreintes par certains ports..., et que l'on tenteroit d'introduire ou d'exporter par d'autres passages. (*Législation*, N° 288.)

PEINES PÉCUNIAIRES.

35. Confiscation des marchandises et amende de cent fr. (22 *août* 1791, *tit.* 2, *art.* 13.)
Voir l'observation du N° 33.

37. Confiscation des marchandises, et amende de cent francs contre les conducteurs. (22 *août* 1791, *tit.* 13, *art.* 14.)
Obs. Si les marchandises n'étoient accompagnées ni de permis ni d'acquit-à-caution, on procéderoit comme pour importation ou exportation illicites.

39. Confiscation des marchandises, et amende de cinq cents fr. (8 *floréal an* 11, *art.* 85.)
Obs. Si la circulation ou le transport dont il est parlé sous le N° 38 ci-contre, étoit la suite d'une importation, les peines à invoquer pour les espèces prohibées, deviendroient celles énoncées sous le N° 27, puisqu'il y auroit alors introduction de marchandises frappées de prohibition.

41. Confiscation des marchandises, et amende de cent francs. (22 *août* 1791, *tit.* 4, *art.* 8.)

SECTION II.—*Du transport illicite des Marchandises dans le rayon des frontières de terre.*

CAS CIVILS.

42. Les marchands et voituriers étant tenus de combiner leur marche de manière à prendre la route directe du lieu où sera situé le premier et le plus prochain bureau. (*Législation*, N° 290.)

Si les marchandises importées par terre ne sont pas conduites au premier bureau d'entrée. (*Législation*, N° 289.)

Ou si celles qu'on veut faire sortir ne sont pas conduites au premier bureau de sortie par la route la plus directe et la plus fréquentée, et qu'elles soient rencontrées dans des chemins obliques tendant à contourner et à éviter les bureaux. (*Législation*, N° 292.)

44. Marchandises transportées dans la ligne après avoir dépassé le bureau sans permis,

Ou qui, avant d'y avoir été conduites, auroient été introduites dans quelques maisons ou auberges, et déposées ailleurs que dans les cours, hangars ou dépendances des douanes. (*Législation*, N° 291.)

46. Marchandises prohibées à la sortie, que l'on tenteroit d'exporter par terre;

Et lesdites marchandises transportées d'un lieu à un autre en empruntant le territoire étranger, sans être accompagnées d'un acquit-à-caution. (*Législation*, N° 268.)

NOTA. Pour les marchandises *prohibées à l'entrée* par terre, *voir* N° 8.

SECTION II.—*Peines encourues pour le transport illicite dans le rayon des frontières de terre.*

PEINES PÉCUNIAIRES.

43. Confiscation des marchandises, et amende de deux cents fr. (*4 germinal an 2, tit.* 3, *art.* 4.)
Voir le *Nota* du numéro suivant.

45. Mêmes peines que ci-dessus. (4 *germinal, an* 2, *tit.* 3, *art.* 5.)
NOTA. *Si les marchandises étoient importées, et qu'elles fussent de la classe de celles prohibées ou tarifées à 20 fr. et au-dessus, elles seroient, dans ce cas, réputées introduites en fraude, et il faudroit procéder comme il est indiqué aux* Nos 9 à 11.

47. Confiscation des marchandises et des voitures, chevaux et équipages servant au transport.
Les propriétaires desdites marchandises, les voituriers et autres préposés à la conduite seront en outre condamnés solidairement à l'amende de cinq cents fr., sauf leur recours contre les marchands et propriétaires, lorsqu'ils auront été induits en erreur par l'énonciation des lettres de voiture, et leurs dommages et intérêts. (22 *août* 1791, *tit.* 5, *art.* 3, *invoquant les peines de l'article* 1.)

CAS CIVILS.

48. Marchandises sujettes aux droits, et devant sortir par terre, qui ne seroient pas, immédiatement après le paiement de ces droits, conduites à l'étranger, et qu'on feroit, hors le cas d'avarie et autres semblables, rentrer dans les magasins des marchands, ou entreposer dans d'autres maisons. (*Législation*, N° 293.)

50. Marchandises transférées, après déclaration sommaire et sous escorte de deux préposés, et plombage par capacité, du premier bureau d'entrée à un deuxième bureau, en vertu d'ordres particuliers de l'Administration, qui, dans le trajet, seroient déchargées ou échangées.

52. Marchandises dont l'entrée ou la sortie sont restreintes par certains bureaux...., et que l'on tenteroit d'introduire ou d'exporter par d'autres passages. (*Législation*, N° 288.)

PEINES PÉCUNIAIRES.

49. Confiscation et amende de cent francs. (22 *août* 1791, *tit.* 2, *art.* 26.)

51. L'article 42 de la loi du 8 floréal an 11 sera appliqué à toutes les marchandises qui sont transférées, pour la visite en détail et le paiement des droits, d'un premier bureau d'entrée à un autre bureau. (28 *avril* 1816, *art.* 31.)

Cet article 42 prononce les peines suivantes:

S'il y a déficit de colis, ou s'il est constaté qu'une marchandise a été substituée à celle qui aura été déclarée *sommairement*, le voiturier ou le batelier sera condamné à deux mille fr. d'amende par chaque colis manquant, ou dans lequel on aura mis une marchandise autre que celle déclarée au *premier bureau*;

S'il s'agit de colis qu'on aura vu décharger dans le transport, le colis sera saisi, et le voiturier ou batelier condamné à l'amende de cinq cents fr.;

Si c'est un colis qu'on a voulu échanger, le colis qui aura été vu décharge et celui qui lui aura été substitué seront saisis, avec pareille amende de cinq cents fr... (8 *floréal an* 11, *art.* 42.)

53. Confiscation des marchandises, et amende de cent francs. (22 *août* 1791, *tit.* 4, *art.* 8.)

Nota. *Cette peine ne seroit applicable*, pour l'importation par terre, *qu'aux marchandises tarifées à moins de 20 fr. par quintal;* car la seule tentative de faire entrer illicitement des objets imposés à 20 fr. et au-dessus, rendroit le cas correctionnel, et il faudroit procéder comme il est indiqué au N° 9.

CAS CIVILS.

54. Marchandises et denrées *de France* enlevées dans le rayon ou y circulant sans passavant énonçant leurs qualités, quantités, poids, nombre et mesures, le lieu de leur destination, et le délai accordé pour le transport. (*Législation*, N° 388.)

56. Lesdites marchandises qui s'écarteroient de la route indiquée par le passavant, ou dont le transport seroit fait de nuit, sans que le passavant en portât la permission expresse. (*Législation*, N° 390.)

58. Les courriers des malles étant soumis aux visites de chaque bureau, et ne pouvant se charger d'aucune marchandise,

S'ils sont trouvés en transporter. (*Législation*, N° 302.)

60. Les conducteurs de messageries et voitures publiques étant soumis aux lois des douanes :

Si des objets ne sont pas portés sur la feuille de voyage. (*Législation*, N°. 303.)

PEINES PÉCUNIAIRES.

55. Confiscation des marchandises, et amende de cent francs. (22 *août* 1791, *tit.* 3, *art.* 15.)

NOTA. *Les passavans sont nuls après l'expiration des délais y portés ; ainsi, les marchandises accompagnées d'un passavant dont le délai est expiré, sont considérées comme circulant sans passavant, et passibles des peines ci-dessus.*

57. Confiscation des marchandises. (19 *vendémiaire an* 6, *art.* 3.)

59. Confiscation des marchandises, et amende de trois cents fr. : ils seront en outre exclus de tout emploi dans les postes. (4 *germinal an* 2, *tit.* 3, *art.* 7.)

61. Amende personnelle de trois cents francs, et confiscation des marchandises en contravention, ainsi que des voitures et chevaux ; les fermiers ou régisseurs intéressés seront solidaires avec le conducteur pour l'amende de trois cents fr. (4 *germinal an* 2, *tit.* 3, *art.* 8.)

CHAPITRE II.—*Du défaut de déclarations dans les bureaux, et de la fausseté des déclarations en détail quant à l'acquittement des droits.*

CAS CIVILS.

62. Les capitaines ou maîtres de bâtimens abordant dans un port de mer avec destination pour un autre port de France, étant tenus d'indiquer le port de leur destination ultérieure,

Si cette déclaration n'est pas faite dans les vingt-quatre heures de leur arrivée. (*Législation*, N° 307.)

NOTA. Les capitaines forcés de relâcher par fortune de mer, sont tenus de se conformer à ce qui est prescrit ci-dessus. (*Législation*, N° 1173.)

64. Lesdits capitaines et maîtres de bâtimens qui, étant rendus au port de leur destination, ne donneroient pas la déclaration sommaire de leur chargement dans les vingt-quatre heures de leur arrivée.

NOTA. La déclaration des bâtimens devra être faite quand même ils seroient sur leur lest. (*Législation*, N° 308.)

66. Les propriétaires ou conducteurs des marchandises et denrées qui passeront de l'intérieur de France sur le territoire des deux *myriamètres et demi* des frontières de terre, étant tenus de les conduire au premier bureau de sortie,

Si la déclaration n'est pas faite dans la même forme que pour l'acquit des droits;

Ou, à l'égard de celles qui devront être enlevées dans *le rayon des douanes de terre* pour y circuler et être transportées dans l'intérieur de la France,

Si la déclaration n'en est pas faite au bureau, soit d'entrée, soit de sortie, le plus prochain de l'enlèvement, et avant l'enlèvement. (*Législation*, N° 387.)

NOTA. Les déclarans sont tenus d'indiquer le lieu de l'enlèvement et de la destination, ainsi que le jour et l'heure où les marchandises devront être enlevées. (*Législation*, N° 389.)

CHAPITRE II.—*Des peines encourues pour le défaut ou la fausseté des déclarations.*

PEINES PÉCUNIAIRES.

63. Amende de cinq cents fr., pour sûreté de laquelle les bâtimens et marchandises seront retenus. (22 *août* 1791, *tit.* 2, *art.* 4.)

Dans le cas de relâche forcée, le défaut de déclaration dans les vingt-quatre heures entraîneroit la confiscation des marchandises, et pareille amende de cinq cents fr. (22 *août* 1791, *tit.* 19, *art.* 3.)

65. Amende de cinq cents fr. (22 *août* 1791, *tit.* 2, *art.* 5.)

Voir n° 20 et 21, s'il y avoit défaut de remise du manifeste.

67. Confiscation des marchandises et denrées, et amende de cent fr. (22 *août* 1791, *tit.* 3, *art.* 15.)

Les préposés pouvant, en cas de suspicion de fraude, se transporter, lors de l'enlèvement, au lieu où lesdites marchandises et denrées sont déposées, et en exiger la représentation au fur et à mesure de leur sortie du lieu du dépôt, et avant leur départ dudit lieu; si les propriétaires ou conducteurs refusent ou ne peuvent faire cette représentation, ils seront poursuivis et condamnés à une amende de cinq cents fr. (19 *vendémiaire an* 6, *art* 1.)

Voir d'ailleurs le n° 11, si la marchandise étoit réputée étrangère.

CAS CIVILS.

68. Si, outre les manifestes donnés par les capitaines des bâtimens, et les déclarations sommaires faites par les conducteurs par terre, des déclarations en détail ne sont pas présentées. (*Législation*, N° 311.)

70. Si la déclaration se trouve fausse dans la qualité ou l'espèce de la marchandise. (*Législation*, N° 326.)

Nota. L'article 30 de la loi du 28 avril 1816 vouloit que les fausses déclarations de marchandises transférées pour la visite en détail, d'un premier bureau d'entrée à un autre bureau, fussent traitées correctionnellement, mais il résulte de l'art. 15 de la loi du 27 mars 1817, qu'aujourd'hui «la compétence du juge » de paix a lieu pour les saisies faites dans les bureaux des » côtes frontières par suite de déclarations, lesdites n'entraî- » nant que les condamnations établies par la loi des 22 août » 1791 et 4 germinal an 2. » Ainsi, le dernier paragraphe de l'article 30 de la loi du 28 avril est abrogé.

72. Si les marchandises représentées excèdent le poids le nombre ou la mesure déclarés. (*Législation*, N° 327.)

Obs. *relative aux liquides et sucres bruts.* Ces marchandises ne sont pas soumises à la déclaration du poids et de la mesure, on doit en présenter les manifestes et connoissemens qui les énoncent au port du chargement; mais si la déclaration en est faite, et qu'il y ait déficit, on y a égard, comme étant l'effet du coulage. Si au contraire il se trouve un excédant, la peine du double droit est encourue, puisqu'on ne peut attribuer cet excédant qu'à l'intention de fraude. (*LD. du* 18 *prairial* 10, *renouvelée le* 22 *frimaire* 13.)

74. Tout excédant, quant au nombre des balles, ballots, caisses, tonneaux et futailles déclarés. (*Législation*, N° 328.)

PEINES PÉCUNIAIRES.

69. Les marchandises seront retenues ou déposées dans le magasin de la douane pendant deux mois, et les propriétaires tenus de payer un pour cent, pour droit de magasinage, en sus des droits.

S'il n'y a pas réclamation et déclaration en détail après ce délai, les marchandises seront vendues au profit de l'État. (4 *germinal an* 2, *tit.* 2, *art.* 9.)

71. Confiscation des marchandises faussement déclarées, et amende de cent fr. (22 *août* 1791, *tit.* 2, *art.* 21.)

Si le droit auquel on se soustrairoit par cette fausse déclaration ne s'élève pas à 12 fr., il n'y aura pas lieu à confiscation, mais seulement à l'amende de cent fr., pour sûreté de laquelle la marchandise sera retenue. (*Même article*)

73. L'excédant sera assujetti au paiement du double droit; ce qui cependant n'aura pas lieu si l'excédant n'est que du vingtième pour les métaux, et du dixième pour les autres marchandises et denrées; dans ces cas, l'excédant, ainsi que les quantités déclarées, n'acquitteront ensemble que le simple droit. (22 *août* 1791, *tit.* 2, *art.* 18.)

Nota. Les peines portées par l'art. 18 du titre 2 de la loi du 22 août 1791, sont les seules applicables aux fausses déclarations du tonnage des bâtimens. (*LD.* 29 *novembre* 1810.)

75. Saisie, pour la confiscation en être prononcée avec amende de cent fr. (22 *août* 1791, *tit.* 2, *art.* 20.)

Obs. Si l'excédant de colis étoit trouvé à l'importation par mer, et que ces colis ne fussent pas transcrits sur le manifeste, il y auroit à invoquer, outre les peines ci-dessus contre les déclarans, celles encourues par les capitaines pour irrégularité de leur manifeste. Les voir au n° 21.

CAS CIVILS.

76. Dans le cas où, lors de la visite, les balles, ballots caisses et futailles se trouveroient en moindre nombre que celui porté en la déclaration. (*Législation*, N° 329.)

78. Si les marchandises dont les droits sont perceptibles à la valeur étoient portées dans les déclarations à des valeurs qui paroîtroient au-dessous de celles réelles. (*Législation*, N° 167.)

Obs. La préemption peut aussi être exercée sur les marchandises avariées, en se conformant aux dispositions de l'art. 81 de la loi du 8 floréal an 11. (*Législation*, N° 346.)

Nota. Pour les déclarations de cabotage ou de transit, voir N°s 90 et 92, ou 114 et 116.

PEINES PÉCUNIAIRES.

77. Les maîtres de bâtimens, voituriers, et ceux qui auront fait les déclarations, seront condamnés solidairement à trois cents francs d'amende pour chaque *colis* manquant, pour sûreté de laquelle *les moyens de transport* seront retenus, sauf le recours, s'il y a lieu, des capitaines et maîtres de bâtimens ou voituriers, contre ceux qui auront fait la déclaration.

Dans le cas de naufrage ou de vol après la déclaration, il ne sera fait aucune poursuite sur ce défaut de représentation, si la preuve légale du naufrage ou du vol est rapportée. (22 *août* 1792, *tit.* 2, *art.* 22.)

79. Ces marchandises pourront être retenues par les préposés, en payant la valeur déclarée et le dixième en sus, dans les quinze jours qui suivront la notification du procès verbal. (4 *floréal an* 4, *art.* 1.)

La retenue n'est soumise à aucune autre formalité qu'à celle de l'offre souscrite par le receveur du bureau, et signifiée au propriétaire ou à son fondé de pouvoir. (*Même loi, art.* 2.)

CHAPITRE III.—*De l'abus des faveurs accordées au commerce.*

SECTION I.—*Des abus d'entrepôt.*

CAS CIVILS.

80. ENTREPÔTS FICTIFS. Les négocians et autres qui déclareront pour l'entrepôt les denrées des Colonies françaises, étant tenus de déclarer au bureau des douanes, avant la mise en entrepôt, les magasins où ils renfermeront leurs marchandises, et de faire leurs soumissions de les représenter en même qualité et quantité toutes les fois qu'ils en seront requis, avec défense de les changer de magasins sans déclaration préalable et permis spécial de la douane, à peine de payer immédiatement les droits, en cas de mutation non autorisée;

S'il y a soustraction absolue des marchandises ainsi entreposées. (*Législation*, N° 882.)

82. ENTREPÔT RÉEL DE LYON. Les denrées coloniales et marchandises permises tirées des ports de Marseille, Bayonne, Bordeaux, Nantes, Rouen et le Havre, dont le transport et le déchargement à l'entrepôt de Lyon auroient été irréguliers.

84. ENTREPÔT DE MARSEILLE. Les marchandises tirées de Marseille pour le dépôt de Lyon devant être mises sous plombs, et expédiées sous acquits-à-caution qui indiqueront en détail les quantités et espèces, ainsi que les poids et mesures de chaque balle, caisse, tonneau, etc., et porter l'obligation de faire arriver lesdites marchandises à Lyon dans le délai d'un mois, si elles sont transportées par terre, et dans celui de deux mois si elles sont embarquées sur le Rhône;

A défaut de représentation dans le terme prescrit. (*Législation*, N° 941.)

CHAPITRE III.—*Peines pour abus des faveurs accordées au commerce.*

SECTION I.—*Celles pour abus d'entrepôt.*

PEINES PÉCUNIAIRES.

81. Double droit, indépendamment d'une amende, qui pourra s'élever au double de la valeur de la marchandise soustraite. (8 *floréal an* 11, *art.* 15.)

83. Application combinée de l'article 32 de la loi du 30 avril 1806. (*Voir* N° 85), et des articles 6, 7, 8 et 9 de la loi du 17 décembre 1814. (*Voir* N° 116 à 121.) (*Ordonnance du Roi du* 11 *juin* 1816.)

85. Les soumissionnaires seront tenus de payer le quadruple des droits. (30 *avril* 1806, *art.* 32.)

CAS CIVILS.

86. Entrepôt réel de Strasbourg. Les marchandises étrangères arrivant à Strasbourg par le Rhin ou la rivière d'Ill étant dispensées de la visite au bureau de la Wantzenau ;

S'il y a déficit, substitution ou abus dans le transport d'importation, ou lors de la réexportation. (*Législation*, N° 971 à 973.)

88. Entrepôts de Genievre, Rhum, Tafia et Raisins de Corinthe. Toute soustraction et tout versement auxquels lesdits entrepôts, transversemens et conversion permis pourroient donner lieu. (*Législation*, N° 1004.)

PEINES PÉCUNIAIRES.

87. Application des peines prononcées par l'art. 42 de la loi du 8 floréal an 11.
Voir cet article au N° 51.

89. Seront punis par la confiscation de la marchandise ou de sa valeur, et d'une amende de trois cents fr. pour la première fois;
En cas de récidive, l'amende sera du double, et celui qui aura fait ou contribué à la *contravention* sera déchu de la faculté d'entrepôt et de fabrication.
Les propriétaires des marchandises seront garants à cet égard, des faits de leurs agens. (19 *octobre* 1791, *art.* 5.)

SECTION II. — *Des abus dans les expéditions par cabotage.*

CAS CIVILS.

90. Les négocians qui expédient des marchandises par cabotage, d'un port français à un port français, étant tenus d'en déclarer la valeur à la douane du lieu de l'enlèvement;

Si, lors de la vérification au départ, la quantité est inférieure à celle portée sur la déclaration, et que le déficit excède le vingtième des marchandises ou denrées déclarées. (*Législation*, N° 823.)

92. Si les marchandises dont il est parlé ci-dessus se trouvent être d'espèces différentes de celles déclarées. (*Législation*, N° 824.)

94. Marchandises expédiées, par acquit-à-caution, d'un port de France à un autre port de France, dont on ne rapporteroit pas le certificat d'arrivée dans le délai fixé. (*Législation*, N° 822.)

96. Dans le cas où, lors de la visite au bureau du port de destination, les préposés reconnoîtroient une quantité plus considérable que celle énoncée sur l'expédition délivrée au bureau du lieu du départ. (*Législation*, N° 835.)

SECTION II.—*Des peines pour abus dans les expéditions par cabotage.*

PEINES PÉCUNIAIRES.

91. Paiement, à titre de confiscation, de la valeur des quantités manquantes, laquelle sera réglée suivant le prix courant du commerce au moment de l'expédition,

Et, de plus, cinq cents fr. pour amende. (8 *floréal an* 11, *art.* 74.)

93. Saisie et confiscation des marchandises *différentes*, et le déclarant condamné à payer une somme égale à la valeur des objets portés dans la déclaration, suivant le prix du commerce, et une amende de cinq cents francs. (8 *floréal an* 11, *art.* 75.)

95. Contrainte contre les soumissionnaires et cautions pour le paiement de la valeur *fixée*, avec amende de six cents fr. (4 *germinal an* 2, *tit.* 7, *art.* 1.)

97. L'excédant sera saisi, et la condamnation en sera prononcée avec amende de cinq cents francs.

Cependant, si l'excédant n'est que du vingtième de la quantité portée sur l'expédition, il n'y aura lieu qu'à la perception des droits imposés sur les marchandises ou denrées de même nature venant de l'étranger. (8 *floréal an* 11, *art.* 76.)

CAS CIVILS.

98. Si, au même bureau, la quantité des marchandises représentées étoit inférieure à celle portée dans l'acquit-à-caution. (*Législation*, N° 834.)

100. Si, audit bureau, les marchandises mentionnées dans l'acquit-à-caution se trouvoient différentes dans l'espèce. (*Législation*, N° 834.)

102. Si lesdites différences étoient représentées en marchandises prohibées à l'entrée. (*Législ.*, N° 834.)

PEINES PÉCUNIAIRES.

99. L'acquit-à-caution ne sera déchargé que pour la quantité représentée. (22 *août* 1791, *tit.* 3, *second paragraphe de l'art.* 9)

Dans ce cas de déficit, on poursuit au bureau du départ :

Soit le paiement du double droit de sortie pour les quantités manquantes, si la marchandise est de la classe de celles tarifées. (22 *août* 1791, *tit.* 3, *art.* 12.) Voir N° 105;

Soit le paiement de la valeur des marchandises manquantes, et l'amende de cinq cents fr., si la marchandise est de la classe de celles prohibées à la sortie. (*Mêmes loi et titre, art.* 13.) Voir N° 107.

101. Elles seront saisies, et la confiscation en sera prononcée contre les conducteurs, avec amende de cent fr., sauf leur recours contre les expéditionnaires. (22 *août* 1791, *tit.* 3, *premier paragraphe de l'article* 9.)

103. Elles seront confisquées, avec amende de cinq cents fr., le tout indépendamment des condamnations, qui seront poursuivies au bureau du départ contre les soumissionnaires et leurs cautions, et d'après leurs soumissions. (22 *août* 1791, *tit.* 3, *dernier paragraphe de l'art.* 9.)

NOTA. Cette disposition reste en vigueur par suite de l'art. 15 de la loi du 27 mars 1817. Le voir sous le N° 70.

SECTION III.—*Des abus dans les expéditions par emprunt du territoire étranger.*

CAS CIVILS.

104. Les marchandises qui ne peuvent être transportées directement par terre d'un lieu à un autre de France, qu'en empruntant le territoire étranger, étant soumises à être expédiées par acquit-à-caution, sous la soumission de rapporter un certificat de l'arrivée ou du passage des marchandises au bureau désigné ;

Si c'est pour marchandises sujettes à des droits de sortie, que le certificat n'est pas rapporté dans le délai fixé. (*Législation*, Nos 818 et 830.)

106. Si les marchandises expédiées par acquit-à-caution, sont prohibées à la sortie de France, et que le certificat de décharge ne soit pas rapporté dans le délai accordé. (*Législation*, Nos 819 et 831.)

108. Dans le cas où, lors de la visite au bureau de destination ou de passage, les marchandises mentionnées dans l'acquit-à-caution se trouveront différentes dans l'espèce. (*Législation*, N° 834.)

SECTION III.— *Peines pour abus dans les expéditions par emprunt du territoire étranger.*

PEINES PÉCUNIAIRES.

105. Contrainte contre les soumissionnaires et leurs cautions pour paiement du double droit de sortie. (22 *août* 1791, *tit.* 3, *art.* 12.)

107. Contrainte contre les soumissionnaires et leurs cautions pour paiement de la valeur desdites marchandises, fixée par les soumissions, et pour amende de cinq cents fr. (22 *août* 1791, *tit.* 3, *art.* 13.)

109. Elles seront saisies, et la confiscation en sera prononcée contre les conducteurs, avec amende de cent fr., sauf leur recours contre les expéditionnaires. (22 *août* 1791, *tit.* 3, *premier paragraphe de l'art.* 9.)

Si les marchandises représentées sont prohibées à l'entrée, elles seront confisquées, avec amende de cinq cents francs; le tout indépendamment des condamnations qui seront poursuivies au bureau du départ contre les soumissionnaires et leurs cautions, et d'après leurs soumissions. (22 *août* 1791, *tit.* 3, *dernier paragraphe de l'art.* 9.)

NOTA. *Cette dernière disposition est redevenue en vigueur par suite de l'art.* 15 *de la loi du* 27 *mars* 1817. *Le voir sous le* N° 70.

CAS CIVILS.

110. En cas d'excédant sur les marchandises mentionnées en l'acquit-à-caution. (*Législation*, N° 834.)

112. Si la quantité des marchandises représentées est inférieure à celle portée dans l'acquit-à-caution. (*Législation*, N° 834.)

SECTION IV.—*Des abus dans les expéditions par transit du territoire français.*

114. Les marchandises étrangères admises à la faveur du transit par la France en exemption de tout droit autre que celui de balance, devant, pour jouir de ce transit, soit à leur arrivée, soit en les retirant de l'entrepôt, être déclarées en détail, et expédiées par acquit-à-caution. (17 *décembre* 1814, *art.* 4 et 5.)

S'il n'est pas justifié de la sortie desdites marchandises par le rapport de l'acquit-à-caution dûment revêtu du certificat de décharge et de sortie.

PEINES PÉCUNIAIRES.

111. L'excédant sera soumis au double droit, en observant ce qui est réglé par l'article 18 du titre 2. (22 *août* 1791, *tit.* 3, *troisième paragraphe de l'art.* 9.)

Voir l'art. 18 ci-dessus invoqué, au N° 73.

113. L'acquit-à-caution ne sera déchargé que pour la quantité représentée. (22 *août* 1791, *tit.* 3, *second paragraphe de l'art.* 9.)

Dans ce cas de déficit, on poursuit au bureau du départ,

Si la marchandise est de la classe de celles tarifées, le paiement du double droit de sortie pour les quantités manquantes, conformément à l'article 12 dudit titre de la même loi. (*Voir* N° 105.)

Et, si la marchandise est prohibée à la sortie, le paiement de la valeur de la marchandise, et l'amende de cinq cents fr., conformément à l'art. 13. (*Voir* N° 107.)

SECTION IV.—*Peines encourues pour abus dans les expéditions par transit.*

115. Application des peines prononcées par l'article 54 de la loi du 8 floréal an 11. (17 *décembre* 1814, *art.* 5.)

L'article 54 ci-dessus invoqué s'exprime ainsi :

« Si les denrées coloniales déclarées en transit ont été
» soustraites, ou qu'il en ait été substitué d'autres, il y
» aura lieu au quadruple de droit de consommation, et à
» une amende de cinq cents francs contre les contrevenans. »
(8 *floréal an* 11, *art.* 54.)

CAS CIVILS.

116. Pour fausses déclarations faites au bureau d'entrée pour obtenir le transit.

NOTA. Les préposés du bureau d'entrée exigeront la réparation des futailles, caisses et emballages défectueux, ou qui seroient propres à favoriser des soustractions malgré le plombage.

Ils auront la faculté de faire constater le poids net effectif en même temps que le poids brut, pour prévenir les discussions au bureau de sortie sur la quantité réelle des marchandises et leur tare.

Les marchandises non susceptibles d'être plombées seront énoncées par pièces, poids et valeur, et on constatera aussi la dimension des pièces de bois d'acajou. (17 *décemb.* 1814, *art.* 7.)

118. Le transit étant entièrement aux risques des soumissionnaires, sans qu'ils puissent être exemptés du paiement des droits en alléguant la perte totale ou partielle des marchandises.

Si lesdites marchandises ne peuvent être présentées à la sortie conformément aux stipulations de l'acquit-à-caution.

120. Les marchandises expédiées en transit étant réputées d'une qualité saine, lorsque le propriétaire n'a pas fait constater qu'elles étoient avariées, et indiquer dans l'acquit-à-caution le degré d'avarie;

Si celles présentées au bureau de sortie sont avariées.

NOTA. Les marchandises dont le transit est autorisé par la loi du 17 décembre 1814, des ports d'entrepôts sur certains bureaux des frontières de terre, peuvent être réversiblement expédiées desdits bureaux sur les ports d'entrepôts réels, sauf la restriction de l'article 20 de la loi du 28 avril 1816. (27 *mars* 1817, *art.* 16.)

Ainsi, les peines ci-contre sont devenues applicables aux contraventions qui auroient lieu dans le trajet des bureaux de terre aux ports d'entrepôts.

PEINES PÉCUNIAIRES.

117. Application, suivant leur espèce, des peines portées par les articles 18, 20, 21 et 22 du titre 2 de la loi du 22 août 1791, comme si les marchandises faussement déclarées étoient destinées pour la consommation intérieure. (17 *décembre* 1814, *art.* 6.)

Nota. Les articles ci-dessus cités de la loi du 22 août 1791 sont classés sous les N°s 71 à 77.

119. *Application des principes généraux qui sont, suivant le cas, les peines de la soustraction, si la totalité des marchandises n'est pas présentée.* (Voir N° 77.)

Ou les peines prononcées contre les déficits, si c'est partie des marchandises qui n'est pas présentée à la sortie. (Voir N°. 99.)

Seulement, dans le cas de perte justifiée par un procès verbal du juge ou d'un officier public, rédigé sur les lieux, et rapporté en temps utile avec l'acquit-à-caution, la douane ne pourra exiger que le paiement du simple droit d'entrée.

Les déficits reconnus à la sortie sur le poids des caisses, ballots et futailles, et qui ne seront pas au-dessus du poids énoncé dans les acquits-à-caution, ne seront également assujettis qu'au paiement du simple droit. (17 *décembre* 1814, *art.* 8.)

121. Elles perdront la faculté du transit.

L'acquit-à-caution pourra néanmoins être déchargé, en payant immédiatement à ce bureau le simple droit d'entrée sur lesdites marchandises; ce qui laissera aux propriétaires la faculté d'en disposer dans l'intérieur.

Sont exceptées de ces dispositions les avaries qui n'excéderont pas deux pour cent de la valeur. (17 *décembre* 1814, *art.* 9.)

CHAPITRE IV.—*Des dépôts illicites dans le rayon de terre.*

SECTION I.—*Des fabriques et moulins qui favorisent les infractions.*

CAS CIVILS.

122. Lorsque les fabriques et manufactures qui se trouveront dans la ligne des douanes auront favorisé la contrebande, et que le fait sera constaté par un jugement rendu par les tribunaux compétens. (*Législation*, N° 247.)

124. Lorsqu'il sera justifié que les moulins situés à l'extrême frontière servent à la contrebande des grains et farines. (*Législation*, N° 249.)

CHAPITRE IV.—*Peines encourues pour dépôts illicites dans le rayon de terre.*

SECTION I.—*De l'interdiction des fabriques et moulins qui favorisent les infractions.*

PEINES DE DÉPLACEMENT.

123. Le déplacement pourra en être ordonné. (21 *ventôse an* 11, *art.* 1.)

Il sera accordé, pour effectuer le déplacement, un délai qui ne pourra être moins d'un an. (*Même loi, art.* 2.)

125. Ils pourront être frappés d'interdiction par mesure administrative et par décision des préfets; le tout, sauf le pourvoi par-devant Sa Majesté en son conseil d'état. (30 *avril* 1806, *art.* 76.)

Les faits devront être légalement constatés par procès verbaux de saisie ou autres, dressés par les autorités locales ou par les préposés des douanes. (*Même loi, art.* 77.)

SECTION II.—*Des marchandises entreposées illicitement dans le rayon de terre.*

CAS CIVILS.

126. Tout magasin ou entrepôt de marchandises... dont la sortie est prohibée ou assujettie à des droits par le nouveau Tarif, est défendu dans la distance de deux myriamètres des frontières de terre, à l'exception des lieux dont la population *agglomérée* sera au moins de deux mille âmes. (*Législation*, N° 50.)

Seront réputées en entrepôt toutes celles desdites marchandises autres cependant que du crû du pays, qui seront en balles ou ballots, et pour lesquelles on ne pourra pas représenter d'expéditions d'un bureau de douane, délivrées dans le jour pour le transport desdites marchandises. (*Législation*, N° 252.)

NOTA. L'entrepôt frauduleux des grains et farines, étant un cas correctionnel, a été rapporté au Titre II. *Voir le dernier paragraphe du* n° 16.

Et quant aux dépôts, dans le rayon, des marchandises de la classe de celles prohibées à l'entrée, ou dont l'admission est réservée à certains bureaux, *voir le paragraphe* 4 *du* n° 10, ces cas étant aussi de la compétence des Tribunaux correctionnels.

SECTION II. — *Peines encourues pour entrepôts illicites dans la ligne de terre.*

PEINES PÉCUNIAIRES.

127. Les marchandises et denrées ainsi entreposées seront saisies et confisquées, avec amende de cent francs contre ceux qui les auront reçues en entrepôt; à l'effet de quoi, les préposés des douanes pourront faire leurs recherches dans les maisons où les entrepôts seront formés, en se faisant assister d'un officier municipal du lieu.

Ces visites, dans aucun cas, ne pourront être faites pendant la nuit. (22 *août* 1791, *tit.* 13, *art.* 39.)

NOTA. S'il n'est point constaté qu'il y ait entrepôt ni motif de saisie, il sera payé la somme de vingt-quatre francs à celui au domicile duquel les recherches auront été faites, sauf plus grands dommages et intérêts auxquels les circonstances de la visite pourroient donner lieu. (*Mêmes loi et titre*, *art.* 40.)

CHAPITRE V.—*Du régime particulier de certaines marchandises.*

SECTION I.—*Espèces soumises à des précautions spéciales.*

CAS CIVILS,

128. Cocons de vers-à-soie que les fabricans autorisés dans le myriamètre n'auront pas enregistrés ;
Ceux excédant les quantités qu'ils auroient pu recevoir ;
Ceux qu'ils ne représenteroient pas en nature ou en produit de la filature ;
Enfin, les Cocons ou leurs produits transportés sans expédition. (*Législation*, N° 798.)

130. Drilles ou Chiffes, y compris les chiffons de toile de coton et de laine. (1 *pluviôse an* 13, *art.* 28.) Nul entrepôt ni circulation desdites matières ne pouvant se faire dans l'étendue des quinze kilomètres des frontières, soit de terre, soit de mer, à moins qu'il ne soit justifié par un acquit-à-caution de leur destination pour l'intérieur de la France. (*Législation*, N° 444.)
Toutes Drilles ou Chiffes prises dans cette étendue, qui circuleroient sans ces formalités. (*Législation*, N° 445.)

132. Pierres-a-feu, de quelque espèce qu'elles soient, qu'on tenteroit d'exporter pendant la guerre. (*Législation*, N° 569.)

134. Poids et Mesures destinés à peser ou mesurer suivant l'ancien usage, qu'on fabriqueroit ou importeroit. (*Législation*, N° 571.)

136. Tan qu'on tenteroit d'exporter. (*Législation*, N° 727.)

CHAPITRE V.—*Peines particulières pour certaines marchandises.*

SECTION I.—*Peines spéciales pour les espèces soumises à des précautions particulières.*

PEINES PÉCUNIAIRES.

129. Seront confisqués, avec l'amende de cinq cents francs. (30 *avril* 1806, *art.* 14.)

131. Seront saisies et confisquées. (3 *avril* 1793, *art.* 3.)

L'amende de cinq cents francs sera poursuivie conformément à l'article 1er du titre 5 de la loi du 22 août 1791, même dans le cas de l'entrepôt des matières propres à la fabrication du papier, et de leur circulation. (15 *août* 1793, *art.* 3.)

En conformité de l'art. 1er ci-dessus invoqué, il y a également lieu à la confiscation des moyens de transport.

133. Confiscation et amende de trois cents francs. (19 *brumaire an* 8.)

Toutefois cette loi n'est en vigueur que lorsque les pierres-à-feu sont prohibées à la sortie : il faut donc voir leur régime au Tarif.

135. Confiscation et amende du double de la valeur des objets saisis. (18 *germinal an* 3, *art.* 24.)

137. Confiscation tant de cette matière première que de la voiture et des chevaux, et de trois cents francs d'amende. (16 *nivôse an* 2.)

SECTION II.—*Des contraventions relatives à l'impôt du Sel et à la pêche du Hareng.*

CAS CIVILS.

138. Un droit de consommation existant sur le Sel, toute fabrique ou chaudière de SEL qui seroit établie sans déclaration préalable de la part du fabricant. (*Législation*, N° 597.)

NOTA. Les propriétaires d'ateliers de salaison et les salpêtriers sont tenus de faire la même déclaration.

140. SELS enlevés dans les limites sans déclaration préalable et sans avoir pris un congé ou un acquit-à-caution. (*Législation*, N° 605.)

Ceux transportés dans l'étendue soumise à la surveillance des préposés, sans acquit-à-caution;

Et ceux qui seroient enlevés ou circuleroient dans la même étendue, avant le lever ou après le coucher du soleil, sans permission expresse du transport pendant la nuit. (*Législation*, N°s 609 et 610.)

142. Le sable de mer ou SABLON, sauf la *mouée* ou *coupe à sel*, pouvant être enlevé sur les certificats des maires, constatant que ledit sable est destiné à fertiliser les terres,

Si lesdits certificats ne sont pas représentés.

144. Si les engrais de mer ci-dessus désignés ne sont pas immédiatement conduits et versés sur les terres,

Ou provisoirement mêlés avec l'espèce de fumier qui doit les recevoir, et déposés dans les étables, écuries, bergeries et toits-à-porcs, à l'exclusion de tous autres bâtimens.

SECTION II.—*Peines pour contravention à l'impôt du Sel et à la pêche du Hareng.*

PEINES PÉCUNIAIRES.

139. Confiscation des ustensiles propres à la fabrication, et amende de cent francs. (24 *avril* 1806, *art.* 51.)

NOTA. Mêmes peines contre les propriétaires d'ateliers de salaison ou de salpêtre.

141. Saisie et confiscation des sels. (*Décret du* 11 *juin* 1806, *art.* 7.)... et de plus celles des moyens de transport avec amende de cent fr. (*Décret du* 25 *janvier* 1807, *art.* 2.)

NOTA. Toutes les saisies qui donneront lieu à la confiscation des sels, emporteront aussi celle des chevaux, ânes, mulets, voitures, bateaux, et autres embarcations employées au transport. (Décret du 11 juin 1806 art. 16.)

Sauf le cas de RÉCIDIVE ou de FRAUDE commise par une réunion de trois individus, (voir alors N° 19) les condamnations seront poursuivies *par-devant le Juge de Paix*, (17 *décembre* 1814, *art.* 29) et punies de la confiscation des objets saisis, outre l'amende de cent francs (24 *avril* 1806, *art.* 57.)

L'amende de cent francs prononcée par l'article 57 de la loi du 24 avril 1806 est individuelle. (17 *décembre* 1814, *dernier paragraphe de l'art.* 29.)

Et elle n'est plus solidaire. (*CD.* 17 *avril* 1815.)

143. Amende de dix francs, laquelle sera doublée en cas de récidive. (*OR.* 19 *mars* 1817, *art.* 2.)

NOTA. La *Tangue* et espèces similaires qui ne sont pas propres à faire du sel pourront être enlevées et transportées sans aucune formalité. (*LD.* 11 *février* 1809.)

145. Amende de cent francs contre les contrevenans. (*OR.* 19 *mars* 1817, *art.* 5.)

CAS CIVILS.

146. Si lesdits sables de mer ou sablons étoient employés à la fabrication du sel ou de liqueur saline.

148. Aucun magasin en gros, aucune vente en détail de sel ayant acquitté les droits, ne pouvant être établis à moins de vingt-cinq mètres de distance d'un atelier de salaison,
S'il en existe à une moindre distance.

150. Ceux qui recevroient, dans leurs magasins ou ateliers, des sels dont les droits n'auroient pas été acquittés ou soumissionnés. (*Législation*, N° 673.)

152. Le Sel nécessaire à la fabrication de la soude étant exempté du droit de consommation, s'il n'est pas justifié du transport dudit Sel dans ces fabriques en rapportant l'acquit-à-caution valablement déchargé. (*Législation*, N° 639.)

154. Fabriquant de SOUDE qui ne pourroit justifier que le SEL qui lui a été livré en exemption de droits, a été employé à la fabrication de la soude. (*Législation*, N° 656.)

156. Les propriétaires d'ateliers de salaisons ne pouvant avoir que le SEL spécialement destiné à la préparation du poisson salé, ceux qui en recevroient dont les droits n'auroient pas été acquittés ou soumissionnés. (*Législation*, N°s 662 et 673.)

PEINES PÉCUNIAIRES.

147. Saisie et destruction des ustensiles servant à cette fabrication, et le propriétaire condamné à une amende de trois cents à six cents francs. (*OR.* 19 *mars* 1817, *art.* 6.)

149. Application des peines portées contre les saleurs trouvés en contravention. (*OR. du* 30 *octobre* 1816, *art.* 7.)

Ces peines sont celles prononcées par les articles 45 et 46 du décret du 11 juin 1806. (Voir Nos 151 et 163.)

151. Amende de cent fr. et le triple des droits fraudés.

En cas de récidive, privation de la franchise accordée pour les salaisons, outre les peines ci-dessus. (*Décret du* 11 *juin* 1806, *art.* 45.) — Voir Nos 18 et 19, toute récidive pour sels rendant le cas correctionnel.

153. Quadruple des droits sur le sel manquant, à poursuivre contre les soumissionnaires. (*Décret du* 13 *octobre* 1809, *art.* 4.)

155. Indépendamment du paiement des droits auxquels il sera assujetti, il pourra être privé de l'exemption. (*Décret du* 13 *octobre* 1809, *art.* 10.)

157. Application des peines portées contre les saleurs trouvés en contravention. (*OR.* 30 *octobre* 1816, *art.* 6.) — Voir Nos 151 et 163.

CAS CIVILS.

158. Sels employés en salaisons de poissons sans déclaration préalable, ou en dépôt dans les lieux où se font lesdites salaisons sans qu'il soit justifié de l'acquit ou de la soumission du droit. (*Législation*, N° 661.)

160. Si dans les barriques et barils de salaisons la quantité de poisson pressé n'est pas proportionnée à la quantité de sel prétendue consommée. (*Législation*, N° 671.)

162. Saleurs qui, pour masquer l'*infraction*, supposeront des salaisons qu'ils n'ont point faites, ou substitueront dans des barriques ou barils, à des poissons pressés, toutes autres matières. (*Législat.*, N° 674.)

164. Salaisons abordées dans un port sans être munies d'un acquit-à-caution pour justifier que le sel qui a été employé à ces salaisons, a été levé aux marais salans de France, et que les droits en ont été assurés. (*Législation*, N° 651.)

166. Salaisons rencontrées en mer par une embarcation de Douanes, sans être munies d'expédition qui justifie l'origine du sel, et que les droits en ont été cautionnés. (*Législation*, N° 652.)

168. Salaisons dont la quantité ne seroit pas proportionnée à celle du sel consommé. (*Législation*, N° 654.)

PEINES PÉCUNIAIRES.

159. Saisie et confiscation du sel et des salaisons, avec amende du double des droits fraudés. (*Décret du* 11 *juin* 1806, *art.* 40.)

161. Amende de cent fr. et en outre le double des droits fraudés. (*Décret du* 11 *juin* 1806, *art.* 43.)

163. Les peines portées par l'article 45 du décret du 11 juin 1806 seront prononcées. (*Décret du* 11 *juin* 1806, *art.* 46.) — Voir N° 151.

165. Confiscation des sels et salaisons, avec amende de cent fr. (*Décret du* 11 *juin* 1806, *art.* 50.)

167. Confiscation des sels et salaisons, avec amende de cent fr. (*Décret du* 11 *juin* 1806, *art.* 51.)

169. Amende de cent francs, et le triple du droit dont le sel non représenté auroit été susceptible. (*Décret du* 11 *juin* 1806, *art.* 53.)

Le bâtiment peut être retenu pour sûreté de l'amende. (*Art.* 54.)

CAS CIVILS.

170. Sel neuf trouvé à bord d'un bâtiment chargé de salaisons, dont la déclaration n'auroit pas été faite. (*Législation*, N° 655.)

172. Les sels immondes, connus sous le nom de Resels et de Saumures, devant être, immédiatement après la saison de la pêche, submergés, par les soins et sous les yeux des préposés aux douanes,

Si les saleurs se refusoient à cette submersion, ou étoient convaincus d'avoir soustrait quelques parties de resels ou saumures.

Nota. Les sels neufs mélangés de sels immondes, en quelque proportion que ce soit, et le résidu des salaisons de viandes embarquées pour la nourriture des équipages des navires français allant à la grande pêche, sont assujettis à la règle ci-dessus.

174. Pendant la durée de la pêche, Harengs de plus de trois nuits qu'on débarqueroit comme frais. (Bulletin des Douanes, N° 1150.)

176. Harengs de plus de deux nuits qu'on caqueroit, saleroit ou brailleroit pour saurer au roussable. (*Législation*, N° 680.)

178. Harengs de quatre nuits qu'on apporteroit ou vendroit sous quelque prétexte que ce soit. (*Bulletin*, N° 1150.)

180. Harengs qu'on caqueroit à terre ou en mer après avoir été d'abord braillés en grenier ou en baril, ou qu'on embarilleroit ou mêleroit avec les autres harengs caqués et salés, soit en mer, soit à terre. (*Législation*, N° 681.)

PEINES PÉCUNIAIRES.

171. Confiscation du sel seulement, triple droit et amende de cent francs. (*Décret du* 11 *juin* 1806, *art.* 54.)
Le bâtiment peut être retenu pour sûreté de l'amende. (*Idem.*)

173. Ils seront condamnés aux peines portées par l'art. 45 du règlement du 11 juin 1806. (*OR. du* 30 *octobre* 1816, *art.* 12.)
En cas de récidive, ils seront privés de la franchise accordée pour les salaisons. (*Même article.*) — Voir N° 151.

175. Confiscation et amende de cent francs par chaque contravention. (*Décret du* 8 *octobre* 1810, *art.* 6.)

177. Confiscation et amende de cent francs pour chaque contravention. (*Décret du* 8 *octobre* 1810, *art.* 7.)

179. Confiscation et amende de cent francs. (*Décret du* 8 *octobre* 1810, *art.* 9.)

181. Confiscation et amende de cinq cents francs. (*Décret du* 8 *octobre* 1810, *art.* 10.)

CAS CIVILS.

182. Pour choix, triage ou séparation des gros Harengs d'avec les petits, avant et pendant la vente, ou lors de la livraison de la batelée. (*Bulletin*, N° 1150.)

184. Harengs qu'on mesureroit avec des pelles ferrées. (*Bulletin*, N° 1150.)

186. Baril de Harengs, arrivant de la mer, salés en vrac, qui peseroit moins de 140 kilogrammes, y compris la tare, et qui ne seroit pas plein à 81 millimètres au-dessous du jable, ou qui contiendroit du hareng de rebut. (*Législation*, sous le N° 653.)

188. Barils de Harengs de plus de deux nuits qui seroient marqués à feu. (*Législation*, N° 667.)

PEINES PÉCUNIAIRES.

183. Emprisonnement pendant trois jours ; et en cas d'attroupement, application des peines portées par les lois contre ce crime. (*Décret du* 8 *octobre* 1810, *art.* 11.)

Le même article inflige l'amende de cent francs contre les maîtres et matelots des bateaux qui toléreroient ces triages.

185. Amende de vingt francs contre le pêcheur. (*Décret du* 8 *octobre* 1810, *art.* 16.)

187. Amende de cent francs pour chaque contravention. (*Décret du* 8 *octobre* 1810, *art.* 19.)

189. Confiscation au profit de l'hospice civil le plus prochain, et amende de cinq cents francs, dont le tiers pour le dénonciateur, et les deux autres tiers pour ledit hospice. (*Décret du* 8 *octobre* 1810, *art.* 26.)

CHAPITRE VI.—*Dispositions particulières aux personnes.*

SECTION I.—*Des cas où les infractions de Douanes ont, pour les particuliers, d'autres suites que celles dont il est parlé dans les chapitres précédens.*

CAS CIVILS.

190. Tout saleur qui feroit de cette profession un moyen de fraude ou de spéculation illicite.

192. Tous négocians et commissionnaires convaincus d'avoir importé ou exporté, en fraude, des denrées ou marchandises, ou d'avoir, à la faveur de l'entrepôt et du transit, effectué des soustractions ou versemens dans l'intérieur, ou d'avoir prêté leurs noms pour ces fraudes. (*Législation*, N° 1162.)

194. Droits, confiscations, amendes et dépens encourus par le fait des facteurs, agens, serviteurs et domestiques. (*Législation*, N° 8.)

196. Personnes qui s'opposeront à l'exercice des préposés des douanes. (*Législation*, N° 1163.)

CHAPITRE VI.—*Peines particulières aux personnes.*

Section I.—*Des peines qui peuvent être prononcées contre les particuliers en accumulation de celles dont il est parlé dans les chapitres précédens.*

PEINES PÉCUNIAIRES.

191. Outre les peines de droit, il sera privé de la franchise accordée pour les salaisons, pour un espace de temps qui ne pourra être moindre de deux ans, ni supérieur à quatre: en cas de récidive, il en sera privé pour toujours. (*OR. du* 30 *octobre* 1816, *art.* 13.)

Nota. Le cas de récidive rendroit l'affaire correctionnelle. (Voir alors N°s 18 et 19.)

193. Outre les peines portées par les lois, ils pourront être privés, par arrêté spécial du Gouvernement, de la faculté de l'entrepôt et du transit, ainsi que de tout crédit des droits. (8 *floréal an* 11, *art.* 83.)

195. Les propriétaires des marchandises en seront responsables civilement. (22 *août* 1791, *tit.* 13, *art.* 20.)

197. Seront condamnés à une amende individuelle de cinq cents fr. (4 *germ. an* 2, *tit.* 4, *art.* 2.)

Dans le cas où il y auroit voie de fait, on en poursuivroit les auteurs au criminel, pour les faire condamner aux peines portées par le Code pénal contre ceux qui s'opposent avec violence à l'exercice des fonctions publiques. (*Mêmes loi et article.*)

Nota. Le procès verbal des employés ne fait pas foi nécessaire pour injures et voies de fait.

CAS CIVILS.

198. Communes sur le territoire desquelles des attroupemens se seroient portés au pillage des bureaux de douanes. (*Législation*, N° 228.)

SECTION II.—*Des infractions civiles que peuvent commettre les employés des Douanes.*

200. Douane qui n'auroit pas au-dessus de la porte de son bureau ou en un lieu apparent près ladite porte, un tableau portant ces mots : *Bureau des droits d'entrée et de sortie des Douanes françaises.* (*Législation*, N° 226.)

202. Pour saisie non fondée (ce qu'il ne faut pas confondre avec nullité de la saisie). (*Législation*, N° 1074.)

PEINES PÉCUNIAIRES.

199. Seront responsables des délits et des dommages-intérêts auxquels elles donneront lieu. (*AD.* 8 *nivose an* 6, *art.* 1, *et AC.* 4 *complémentaire an* 11, *art.* 13.)

Lorsque par suite de ces rassemblemens un préposé aura été pillé, maltraité ou homicidé, tous les habitans sont tenus de lui payer, ou, en cas de mort, à sa veuve et enfans, des dommages-intérêts (*Mêmes arrêtés*, *art.* 2 *et* 14, *et loi du* 10 *vend. an* 4, *art.* 6.)

Les préposés des Douanes arrêteront, s'ils le peuvent, les auteurs des troubles, et les remettront, avec l'original du rapport enregistré et affirmé, entre les mains du Procureur du Roi près le Tribunal de première instance.

Le rapport contiendra des conclusions aux condamnations civiles; elles sont les seules à requérir par la Douane; les autres peines devant être poursuivies par les soins du ministère public.

SECTION II.—*Des réparations civiles encourues par les employés des Douanes.*

201. La saisie des marchandises qui auroient dépassé le bureau à l'égard duquel l'apposition dudit tableau n'auroit pas eu lieu, seroit nulle et de nul effet. (22 *août* 1791, *titre* 13, *art.* 3.)

203. Indemnité à raison d'un pour cent par mois de la valeur des objets saisis. (9 *floréal an* 7, *titre* 4, *art.* 16.)

Si le bâtiment sur lequel étoient les objets saisis avoit été retenu, il seroit dû au capitaine une autre indemnité proportionnée au dommage qu'il auroit souffert par cette retenue. (*Arrêt de cassation du* 2 *messidor an* 11.)

L'art. 68 de la loi du 28 avril 1816 accorde aussi l'indemnité d'un pour cent par mois, et en outre la restitution de tous les frais auxquels la saisie aura donné lieu, dans le cas où des tissus qui auroient été saisis comme étant d'origine étrangère, seroient reconnus par le jury provenir réellement de fabrication française.

CAS CIVILS.

204. Employés qui, sans motifs légaux, refuseroient de délivrer les acquits de paiement ou à caution, congés ou passavans. (*Législation*, N° 1095.)

206. Directeurs, Inspecteurs et Receveurs des douanes qui ne prendroient pas les mesures nécessaires pour prévenir les fraudes et soustractions lors de l'admission des marchandises de prises. (*Législation*, N° 538.)

208. Receveurs qui auroient admis en paiement des droits, au-delà de la somme légale en monnoie de cuivre. (*Législation*, N° 142.)

SECTION III.—*Des contraventions commises par les autorités.*

210. Autorité civile ou militaire qui disposeroit d'aucune somme versée dans la caisse des douanes, sans ordonnance du Ministre des finances. (*Législation*, N° 161.)

212. Commandans, capitaines et autres officiers de marine, qui refuseroient d'accompagner les préposés dans leurs visites entre le lever et le coucher du soleil, sur les bâtimens de guerre. (*Législation*, N° 118.)

214. Officier public chargé de la vente des marchandises provenantes de naufrages, qui n'en préviendroit pas les employés du plus prochain bureau. (*Législation*, N° 547.)

PEINES PÉCUNIAIRES.

205. Dommages-intérêts à régler par les juges. (22 *août* 1791, *titre* 11, *art.* 2.)

Seront également passibles de dommages-intérêts les employés qui se refuseroient à la décharge des acquits-à-caution lorsque les formalités prescrites ont été remplies. (*Même loi*, *tit.* 3, *art.* 6.)

207. Ils en seroient personnellement responsables. (*AC.* 2 *prairial an* 11, *art.* 87.)

209. Seront personnellement comptables du surplus en espèces d'or ou d'argent. (*AD.* 14 *nivose an* 4.)

Il en seroit de même pour une recette quelconque en monnoie de cuivre et de billon de fabrique étrangère. (*DI.* 11 *mai* 1807, *art.* 2.)

SECTION III.—*Des peines encourues par les autorités.*

211. Responsabilité personnelle. (*AC.* 13 *nivose an* 8, *art.* 9.)

213. Amende de cinq cents fr. contre les commandans, capitaines et autres officiers. et en cas de contravention constatée sur lesdits bâtimens de guerre, les capitaines et officiers seront soumis aux peines portées par les lois de douanes. (22 *août* 1791, *tit.* 13, *art.* 10.)

215. Sera responsable des droits sur la totalité des marchandises portées au procès verbal de reconnoissance et de description. (22 *août* 1791, *tit.* 7, *art.* 4.)

SECTION IV.—*Des contraventions commises par les juges.*

CAS CIVILS.

216. Juges qui, sous quelque prétexte que ce soit, refuseroient de viser les contraintes décernées tant pour le recouvrement des droits dont il auroit été fait crédit, que pour défaut de rapport du certificat de décharge des acquits-à-caution. (*Législation*, N° 355.)

218. Juges qui donneroient aucunes défenses ou surséances contre les contraintes décernées par les receveurs des douanes. (*Législation*, N° 356.)

220. Juges qui excuseroient les contrevenans sur l'intention. (*Législation*, N° 1093.)

222. Juges qui modéreroient les droits, confiscations ou amendes. (*Législation*, N° 1094.)

224. Juges qui expédieroient des acquits de paiement ou à caution, congés, passavans, réceptions ou décharges de soumissions, ou qui rendroient des jugemens pour en tenir lieu. (*Législation*, N° 1095.)

226. Tribunal qui, sans juger définitivement, donneroit main-levée des marchandises saisies, sauf les cas où, n'étant pas prohibées, la main-levée peut en être accordée sous caution. (*Législation*, N° 1096.)

SECTION IV. — *Des peines encourues par les juges.*

PEINES PÉCUNIAIRES.

217. Peine d'être, en leur propre et privé nom, responsables des objets pour lesquels les contraintes auront été données. (22 *août* 1791, *titre* 13, *art.* 32.)

219. Même peine que ci-dessus. (22 *août* 1791, *tit.* 13, *art.* 33.)
NOTA. Les défenses données seroient nulles et de nul effet, sauf les dommages et intérêts de la partie. (Même article.)

221. Nullité des jugemens. (*Par application de l'art.* 16, *tit.* 4 *de la loi du* 9 *floréal an* 7.)

223. Responsabilité personnelle. (4 *germinal an* 2, *tit.* 6, *art.* 23.)

225. Nullité desdits actes. (*Par application de l'art.* 2, *titre* 11 *de la loi du* 22 *août* 1791.)

227. Nullité des jugemens, et dommages et intérêts envers l'administration. (22 *août* 1791, *tit.* 12, *art.* 2.)

CAS CIVILS.

228. Juges qui feroient, aux propriétaires ou adjudicataires, la remise pure et simple des marchandises prohibées provenantes de naufrage, et remises ou vendues à charge de réexportation. (*Législation*, sous le N° 549.)

230. Huissiers qui feroient aucun acte pour saisir le produit des droits de douanes, soit entre les mains des receveurs ou en celles des redevables. (*Législation*, N° 1102.)

PEINES PÉCUNIAIRES.

229. Seront condamnés au paiement de la valeur desdites marchandises, et à une amende de cinq cents fr. (22 *août* 1791, *tit.* 7, *art.* 6)

Nota. La seule circonstance que la réexportation seroit différée au-delà de trois mois, entraîneroit la confiscation contre les propriétaires des marchandises, en vertu du même article.

231. Nullité desdites saisies, interdiction de l'huissier et sa condamnation à l'amende de mille francs, indépendamment de dommages-intérêts contre l'huissier et contre les saisissans. (22 *août* 1791, *titre* 12, *article* 9.)

CHAPITRE I.—*Des crimes de Douanes étrangers à la contrebande.*

SECTION I.—*De ces crimes commis par les particuliers.*

232. Pour enlèvement de marchandises naufragées fait sans autorisation. (*Législation*, N° 549.)

234. Pour faux ou altération des expéditions de douanes, marques de marchandises, plombs, etc. (*Législation*, N° 1054.)

SECTION II.—*Des crimes étrangers à la contrebande, commis par les employés des douanes.*

236. Pour faux dans les procès verbaux de saisie, *soit en dénaturant la substance ou les circonstances.* (*Législation*, N° 1076.)

238. Tout receveur général et particulier, et généralement tout comptable convaincu d'avoir omis ou retardé de se charger en recette, sur les journaux et bordereaux de situation, des sommes qui lui auront été versées pour le service public. (*Législation*, N° 163.)

CHAPITRE I.—*Peines afflictives ou infamantes pour crimes de douanes autres que de contrebande.*

SECTION I.—*De ces peines encourues par les particuliers.*

233. Même peine que pour le vol. (22 *août* 1791, *tit.* 7, *art.* 7.)

NOTA. Les communes seront responsables des délits commis lors de l'échouement, lorsqu'elles ne justifieront pas avoir pris les mesures convenables pour les réprimer. (Lettre du 21 pluviôse 7.)

235. Par le Code pénal de 1811, les peines sont :

1°. *Pour contrefaction ou usage de fausses marques ou de faux plombs*, la réclusion. (*Art.* 142.)

2°. *Pour fausses expéditions*, les travaux forcés à temps. (*Art.* 147.)

NOTA. Ces peines sont indépendantes de celles résultantes des lois de douanes pour la fraude tentée.

OBS. Les prévenus doivent être arrêtés et constitués prisonniers. Le procès verbal doit être remis, dans le jour, au Juge de Paix le plus voisin.

SECTION II.—*Des peines afflictives ou infamantes encourues par les employés de douanes.*

237. Les travaux forcés à perpétuité. (*art.* 146 *du Code pénal de* 1811.) Et de plus condamnation à des dommages intérêts,

Sera aussi puni des mêmes peines tout officier public qui, dans l'exercice de ses fonctions, aura commis un faux, soit par fausses signatures, soit par altérations des actes, écritures ou signatures, soit par supposition de personnes, soit par des écritures faites ou intercallées sur des registres ou d'autres actes publics depuis leur confection ou clôture. (*Même Code*, *art.* 145.)

239. Destitution et peine de 15 années de fers. (*AC.* 27 *prairial an* 10, *art.* 4.)

240. Les dispositions des lois auxquelles il n'est pas dérogé par la loi du 27 mars 1817, et qui régissent actuellement les perceptions des droits... de Douanes, y compris celui sur les Sels, ... étant et demeurant maintenues,

Toutes contributions directes ou indirectes autres que celles autorisées ou maintenues par ladite loi, à quelque titre et sous quelque dénomination que ce soit, sont formellement interdites.

242. Les préposés convaincus d'avoir reçu directement ou indirectement quelque récompense, gratification ou présent, et de s'être laissé corrompre. (*Législation*, N° 1165.)

244. Préposé destitué ou démissionnaire qui ne remettroit pas sa commission, les registres et autres effets dont il est chargé, ou qui ne rendroit pas ses comptes. (*Législation*, N° 108.)

---

241. A peine, contre les autorités qui les ordonneroient, contre les employés qui confectionneroient les rôles et tarifs, et ceux qui en feroient le recouvrement, d'être poursuivis comme concussionnaires. (27 *mars* 1817, *art.* 135.)

NOTA. L'article 29 du titre 13 de la loi du 22 août 1791 prononçoit la même peine contre les préposés qui percevroient *d'autres et plus forts droits que ceux fixés.* (Voir Législation, N° 1167.)

Par le Code pénal de 1811, cette peine est la réclusion pendant cinq années au moins et dix années au plus, et les condamnés restent en état d'interdiction légale.

Les coupables seront de plus condamnés à une amende dont le *maximum* sera le quart des restitutions et des dommages-intérêts, et le *minimum* le douzième. (*Code pénal, art.* 174)

243. Condamnation aux peines portées dans le Code pénal contre les fonctionnaires publics qui se laissent corrompre. (4 *germinal an* 2, *tit.* 4, *art.* 4.)

Ces peines sont le carcan, et une amende double de la valeur des promesses agréées ou des choses reçues, sans que ladite amende puisse être inférieure à deux cents francs. (*Code pénal, art.* 177.)

Les mêmes peines seroient encourues par les préposés qui se seroient abstenus de faire un acte rentrant dans l'ordre de leurs devoirs. (*Même article.*)

Dans le cas où la corruption auroit pour objet un fait criminel emportant une peine plus forte que celle du carcan, cette peine plus forte sera appliquée aux coupables. (*Même code art.* 178.)

Voir, en cas de complicité de contrebande, le N°. 5.

245. Contrainte par corps. (22 *août* 1791, *titre* 13, *art.* 24.)

Leur traduction devant les cours criminelles pour l'application des peines encourues pour rétention des deniers ou effets publics. (*Avis du Conseil d'État, du* 16 *mars* 1807.)

CHAPITRE II.—*Des infractions étrangères aux Douanes, mais que ses préposés sont appelés à constater.*

SECTION I.—*Des infractions à constater au nom de l'administration de l'enregistrement.*

246. Lettres de voiture, connoissemens, chartes-parties et polices d'assurance des marchandises et autres objets dont le transport se fait par terre et par eau, lesquels ne seroient pas écrits sur papier timbré. (*Législation*, Nos 120 et 121.)

CHAPITRE II.—*Des peines à requérir par les préposés des douanes pour infractions étrangères à leur administration.*

SECTION I.—*Des peines à invoquer pour infractions aux lois de l'enregistrement.*

247. Amende, contre les souscripteurs et porteurs solidairement, de vingt-cinq fr. pour la première fois, de cinquante fr. pour la seconde, et de cent francs pour chacune des autres récidives, indépendamment de la restitution des droits fraudés. (*DI.* 16 *messidor an* 13, *art.* 2, *appliquant la loi du* 6 *prairial an* 7 *sur le timbre.*)

Le Ministre des finances a décidé, le 9 octobre 1810, que le simple refus d'un voiturier de représenter une lettre de voiture, sous le prétexte qu'il ne lui en a pas été remis, ne suffit pas pour autoriser des poursuites, et qu'il est nécessaire de produire la preuve matérielle de la contravention par la représentation de la lettre de voiture écrite sur papier libre.

NOTA. L'original du rapport doit être remis au receveur de l'enregistrement le plus voisin, pour qu'il dirige les poursuites ci-dessus. (*CD.* 13 *thermidor* 13.)

SECTION II.—*Des infractions à constater au nom du Ministre chargé de la police de la Librairie.*

248. LIVRES imprimés à l'étranger, présentés à l'entrée *sans avoir observé les formalités prescrites pour l'introduction des livres venant de l'étranger*,
Ou s'ils sont de contrefaçon. (*Législation*, N° 495.)

250. Livres introduits en fraude du droit différentiel à l'aide d'un faux frontispice. (*Législation*, N° 494.)

SECTION III.—*Des infractions à constater au nom de l'administration des postes.*

252. Lettres et journaux du poids d'un kilogramme et au-dessous, transportés par autre voie que celle de la poste. (*Législation*, N° 476.)

SECTION II.—*Des peines à invoquer pour infractions aux lois sur la librairie.*

249. Confiscation et amende au profit de l'état sans préjudice des dispositions du Code pénal. (*Décret du* 5 *fév.* 1810, *art.* 41.)

Dans le cas de contrefaçon, il y aura lieu en outre à des dommages-intérêts envers l'auteur ou éditeur, et les exemplaires contrefaits seront confisqués à leur profit. (*Même décret, art.* 42.)

Les dommages-intérêts pour contrefaçon sont: 1° *contre l'éditeur*, une amende égale au prix de trois mille exemplaires de l'édition originale; 2° *contre les débitans*, une amende égale au prix de cinq cents exemplaires. (19 *juillet* 1793.)

251. Confiscation et les auteurs de la fraude, punis conformément aux dispositions de l'art. 287 du Code pénal. (*Décret du* 14 *décembre* 1810. *art.* 6.)

Ces peines sont une amende de seize francs à cinq cents francs, un emprisonnement d'un mois à un an et la confiscation des objets du délit.

NOTA. Les rapports relatifs aux livres doivent être remis au Préfet du département.

SECTION III.—*Des peines à invoquer pour infractions aux lois sur le Transport des Lettres et Journaux.*

253. Amende de cent cinquante fr. au moins, et de trois cents fr. au plus, et remise des lettres et paquets saisis au bureau de poste, pour être envoyés à leur destination. (*Arrêté du* 27 *prairial an* 9.)

NOTA. L'original du rapport sera remis au directeur de poste le plus prochain, en lui envoyant les lettres et paquets saisis.

SECTION IV.—*Des infractions à constater au nom de l'administration des poudres et salpêtres.*

254. Poudres étrangères qu'on introduiroit dans le royaume. (*Législation*, N° 572.)

256. Capitaines de navires de quelque lieu qu'ils viennent, qui, dans les vingt-quatre heures de leur entrée dans les ports, n'auront pas fait à la douane, ou, à défaut, au commissaire de la marine, la déclaration des poudres qu'ils ont à bord, ou ne les auront pas, dans le jour suivant, fait déposer dans les magasins indiqués. (*Législation*, N° 573.)

258. Voyageur ou conducteur de voitures qui transportera, plus de cinq kilogrammes de poudre sans pouvoir justifier leur destination par un passeport de l'autorité compétente revêtu du visa de la municipalité du lieu de départ. (*Législation*, N° 575.)

260. SALPÊTRES qu'on tenteroit d'importer ou d'exporter. (*Législation*, N° 579.)

NOTA. Les poudres et salpêtres étant dans la classe des marchandises prohibées par le tarif, il y auroit lieu, si l'importation frauduleuse se faisoit *par mer*, de confisquer le bâtiment en outre des peines édictées. (*Loi du* 22 *août* 1791.)

Et si l'introduction se faisoit *par terre*, la peine d'emprisonnement seroit encourue en conformité des art. 41 et 42 de la loi du 28 avril 1816. (*Voir* N° 9.)

SECTION IV.—*Des peines à invoquer pour infractions aux lois sur les Poudres et Salpêtres.*

255. Confiscation de la poudre, des chevaux et voitures qui en seroient chargés, et amende de vingt francs quarante-quatre centimes par kilogramme de poudre.

Si l'entrée en fraude est faite par la voie de mer, l'amende sera double, en outre de la confiscation de la poudre. (13 *fructidor an* 5, *art.* 21.)

257. Amende de cinq cents francs. (13 *fructidor an* 5, *art.* 31.)

259. Sera arrêté et condamné à une amende de vingt francs quarante-quatre centimes par kilogramme de poudre saisie, avec confiscation de la poudre, voitures et chevaux, sauf son recours contre le chargeur, s'il a été trompé sur la nature du chargement.

Dans le rayon des douanes, les citoyens resteront soumis à tout ce qui est prescrit par les lois sur la circulation dans cette étendue. (13 *fructidor an* 5, *art.* 30.)

261. Mêmes peines que lorsque les poudres sont la matière du délit. (13 *fructidor an* 5, *art.* 22.)

Il sera cependant permis de les entreposer pour la réexportation. (*Même article.*)

Et les négocians qui emploient le salpêtre comme matière première, sont autorisés à en faire entrer par Lorient, le Hâvre, Dunkerque et Marseille, en payant les droits indiqués au Tarif. (*Arrêté du* 27 *pluviôse an* 8, *art.* 11.)

Section V.—*Des infractions à constater au nom de l'administration des Impôts indirects.*

262. Boissons. Enlèvement ou transport de boissons qui seroit fait sans déclaration préalable de l'expéditeur ou de l'acheteur, et sans que le conducteur fût muni d'un congé, d'un acquit-à-caution ou d'un passavant pris au bureau de la régie. (28 *avril, tit.* 1, *art.* 6.)

Et celles circulant avec un laissez-passer au-delà du bureau où il auroit dû être échangé. (*Art.* 12.)

Nota. Les expéditions voulues pour la circulation des boissons sont, pour les vins, cidres et poirés, un congé, un passavant ou un acquit-à-caution :

1° Un congé lorsque le droit de circulation a été acquitté. (*Même loi, art.* 9.)

2° Un passavant pour les vins, cidres et poirés transportés par un propriétaire colon, partiaire ou fermier, des caves ou celliers où sa récolte aura été déposée, dans une autre de ses caves située dans l'étendue du même département ou du département limitrophe du lieu de récolte. (25 *mars* 1817, *art.* 81, *combiné avec l'art.* 7 *de la loi du* 28 *avril* 1816.)

3° Enfin, un acquit-à-caution, 1° pour les boissons qui seront enlevées à destination des négocians, marchands en gros, courtiers, facteurs, commissionnaires, distillateurs et tous autres munis d'une licence de marchand en gros ou de distillateur; 2° pour les vins, cidres et poirés à destination de toute personne qui vend en détail lesdites boissons, pourvu qu'elle soit munie d'une licence de débitant. (25 *mars* 1817, *art.* 82 *et* 83.) 3° pour les boissons enlevées pour être exportées. (28 *avril* 1816, *art.* 8.)

Pour les liqueurs, esprits et eaux-de-vie, l'expédition est toujours un acquit-à-caution. (28 *avril* 1816, *art.* 9.) — Dans le cas où le droit de consommation auroit été payé sur les liqueurs, esprits et eaux-de-vie avant l'enlèvement, il ne seroit plus besoin que d'un congé pour leur transport. (28 *avril* 1816, *art.* 88.)

L'obligation de déclarer l'enlèvement et de prendre des expéditions n'est point applicable au transport de vendanges ou de fruits. (28 *avril* 1816, *art.* 11.)

Nota. L'*hydromel* sera compris au nombre des boissons soumises aux droits de circulation, de détail et de licence. Il sera imposé, dans tous les cas, comme le cidre. (25 *mars* 1817, *art.* 85.)

SECTION V. — *Des peines à invoquer pour infractions aux lois sur les Impôts indirects.*

263. Saisie et confiscation des boissons et amende de cent à six cents francs suivant la gravité des cas. (28 *avril* 1816, *tit.* 1, *art.* 19.)

Les voitures, chevaux et autres objets servant au transport doivent également être saisis, mais seulement comme garantie de l'amende, à défaut de caution solvable. Les marchandises faisant partie du chargement qui ne seroient pas en fraude, seroient rendues au propriétaire. (*Art.* 17.)

Les voyageurs ne sont pas tenus de se munir d'expéditions pour les vins destinés à leur usage pendant le voyage, pourvu qu'ils n'en transportent pas au-delà de trois bouteilles par personne. (*Art.* 18.)

264. Boissons introduites sans déclaration dans un lieu sujet aux droits indirects d'entrée. (28 *avril* 1816, *art.* 27.)

Ou celles destinées à traverser ce lieu, qui ne seroient pas munies d'un permis de passe-debout ou escortées. (*Art.* 28.)

Et celles entreposées qu'on voudroit soustraire aux droits. (*Art.* 37.)

266. CARTES. Fabrication, introduction dans le royaume, distribution, vente ou colportage de cartes à jouer sans l'autorisation de la régie.

268. Cartes dites tarots et cartes à portraits étrangers, *destinées à l'exportation*, circulant sans être plombées et sans acquit-à-caution. (*Décret du* 16 *juin* 1808, *art.* 5.)

Cartes usitées en France, circulant sans déclaration préalable au bureau des impôts indirects du lieu de l'expédition et sans un congé. (*Décret du* 16 *juin* 1808, *art.* 6.)

Et vente, entrepôt et colportage sous bande et sans bandes de cartes recoupées ou réassorties. (*Décret du* 9 *février* 1810.)

265. Confiscation des boissons saisies et amende de cent à deux cents francs, suivant la gravité des cas, et sauf celui de fraude en voitures suspendues, lequel entraînera toujours la condamnation à une amende de mille francs. Dans le cas de fraude par escalade, par souterrain ou à main armée, il sera infligé aux contrevenans une peine correctionnelle de six mois de prison, outre l'amende et la confiscation. (28 *avril* 1816, *art.* 46.)

Les moyens de transport seront saisis, à défaut par le contrevenant de consigner le *maximum* de l'amende ou de donner caution solvable. (*Même loi*, *art.* 27.)

267. Confiscation des objets de fraude; amende de mille à trois mille francs et emprisonnement d'un mois; en cas de récidive, l'amende sera toujours de trois mille francs. (28 *avril* 1816, *art.* 166.)

Les dispositions des articles 223, 224, 225 et 226 de la présente loi (*du* 28 *avril*) sont applicables à la fraude et à la contrebande sur les cartes à jouer. (*Voir ces articles ci-après*, Nos 282 et 283.)

269. Saisie et confiscation des objets de fraude ou servant à la fraude, et amende de mille francs, sans préjudice des poursuites extraordinaires et de la punition comme pour crime de faux, encourue pour la contrefaçon des filigranes, timbres et moules, et l'émission des objets de faux. (*Décret du* 4 *prairial an* 13, *art.* 1er.)

Les articles 11 des décrets des 16 juin 1808 et 9 février 1810 appliquent les peines ci-dessus aux infractions rapportées sous le n° 268 ci-contre.

270. HUILES. Un droit de consommation étant établi sur les huiles introduites dans les villes ou communes ayant au moins deux mille ames de population agglomérée, et ce droit devant être perçu dans les faubourgs et dépendances *non* entièrement détachées des lieux qui y sont assujettis,

Si les conducteurs d'huile, avant de l'introduire dans le lieu sujet au droit, n'en font pas la déclaration au bureau, et s'ils n'en acquittent pas le droit lorsque l'huile sera destinée à la consommation dudit lieu. (25 *mars* 1817, *art.* 91.)

Ou s'ils déchargent les voitures ou introduisent les huiles au domicile du destinataire avant d'avoir rempli les obligations imposées par l'article précédent. (*Même loi*, *art.* 92.)

NOTA. Les huiles introduites dans un lieu sujet au droit, pour le traverser seulement ou y séjourner moins de vingt-quatre heures, seront exemptes du droit, mais le conducteur sera tenu de se munir d'un permis de passe-de-bout. (*Même loi, art.* 95.)

Ainsi, pour ne pas être frappées des peines ci-contre, les huiles transportées par ou dans un lieu sujet au droit, doivent être accompagnées d'un permis de passe-de-bout ou d'un acquit de paiement.

272. OUVRAGES D'OR ET D'ARGENT dont on chercheroit à frauder le droit de garantie. (*Législation*, N° 564.)

271. Les huiles seront saisies par les employés, et il en sera de même des voitures, chevaux et autres objets servant au transport, à défaut par le contrevenant de consigner le maximum de l'amende, ou de donner caution solvable. (25 *mars* 1817, *art.* 94.)

La confiscation des huiles saisies sera prononcée avec amende de cent à deux cents francs.

Si la fraude a lieu en voiture suspendue; l'amende sera de mille francs.

En cas de fraude par escalade, par souterrain ou à main armée, il sera infligé aux contrevenans une peine correctionnelle de six mois de prison, outre l'amende et la confiscation. (25 *mars* 1817, *art.* 99.)

273. Confiscation des objets de fraude et amende égale au quadruple des droits fraudés. (*Loi du* 5 *ventose an* 12, *art.* 76.)

Le droit est de vingt francs par hectogramme d'or, et d'un franc par hectogramme d'argent, non compris les frais d'essai ou de touchaux. (*Loi du* 19 *brumaire an* 6, *tit.* 2, *art.* 21.)

274. TABACS EN FEUILLES qui circuleroient sans acquit-à-caution de la régie, et TABACS FABRIQUÉS circulant sans acquit-à-caution, toutes les fois qu'ils excèdent la quantité de 10 kilogrammes.

Tabacs fabriqués, du poids d'un kilog. à dix, non accompagnés d'un laissez-passer, à moins qu'ils ne soient revêtus des marques et vignettes de la régie. (28 *avril* 1816, *art.* 215.)

NOTA. D'après l'article 208 de la même loi, les tabacs en feuilles destinés pour être exportés, sont soumis seulement au *laissez-passer* pour leur enlèvement du domicile du cultivateur au bureau de la régie.

Les tabacs en feuilles transportés du domicile du cultivateur dans les magasins de réception de la régie, ne sont aussi soumis qu'au laissez-passer. (*Art.* 215.)

276. Tabacs en feuilles trouvés chez un particulier, s'il n'est pas cultivateur dûment autorisé.

Tabacs fabriqués, autres que ceux des manufactures royales, et Tabacs fabriqués par la régie, non revêtus des marques et vignettes, lorsque le poids excédera 10 kilogrammes, trouvés chez un particulier. (28 *avril* 1816, *art.* 217.)

278. Tabacs vendus par la régie, comme tabacs de *Cantine*, trouvés dans les lieux où la vente n'en sera pas autorisée.

280. Tabacs en feuilles, ou en préparation, quelle qu'en soit la quantité, et Tabacs fabriqués non revêtus des marques de la régie, lorsque le poids excède 10 kilogrammes,

Trouvés chez un particulier où seroient en même temps trouvés des instrumens propres à la fabrication ou pulvérisation. (*Art.* 221.)

275. Saisie et confiscation des tabacs et des moyens de transport, et amende qui ne pourra être moindre de cent francs ni excéder mille francs. (28 *avril* 1816, *art.* 216.)

Tout individu convaincu d'avoir fourni le tabac saisi en fraude sera passible de l'amende de mille francs. (*Même article.*)

277. Confiscation des tabacs et amende de dix francs par chaque kilogramme de tabac saisi, laquelle amende ne pourra excéder la somme de trois mille francs ni être au-dessous de cent francs. (28 *avril* 1816, *art.* 218.)

279. Saisie des tabacs comme étant en fraude, et les détenteurs passibles de l'amende portée en l'article 218 ci-dessus. (28 *avril* 1816, *art.* 219.)

281. Saisie et confiscation des tabacs et ustensiles de fabrication trouvés en fraude et les contrevenans condamnés en outre à une amende de mille à trois mille francs.

En cas de récidive, l'amende sera double. (28 *avril* 1816, *art.* 221.)

282. Tabacs vendus en fraude au domicile des particuliers; individus qui en colporteroient, qu'ils soient ou non surpris à le vendre.

NOTA. Les employés,... des douanes... pourront constater la vente frauduleuse des tabacs, le colportage, les circulations illégales, et généralement les fraudes sur le tabac; procéder à la saisie des tabacs, ustensiles et mécaniques prohibés par la présente loi; à celle des chevaux, voitures, bateaux, et autres objets servant au transport, et constituer prisonniers les fraudeurs et colporteurs, dans le cas prévu par l'art. 222. (28 *avril* 1816, *art.* 223.)

Néanmoins, si le prévenu offre bonne et suffisante caution de se présenter en justice et d'acquitter l'amende encourue, ou s'il consigne lui-même le montant de ladite amende, il sera mis en liberté, s'il n'existe aucune autre charge contre lui. (*Même loi*, *art.* 224.)

283. Arrestation des prévenus, qui seront constitués prisonniers, et condamnés à une amende de trois cents francs à mille francs, indépendamment de la confiscation des tabacs saisis, de celle des ustensiles servant à la vente, et, en cas de colportage, de celle des moyens de transport, conformément à l'art. 216. (*Voir* N° 275.) (28 *avril* 1816, *art.* 222.)

Tout individu condamné pour fait de contrebande en tabac, sera détenu jusqu'à ce qu'il ait acquitté le montant des condamnations prononcées contre lui; cependant le temps de la détention ne pourra excéder six mois, sauf le cas de la récidive, où le terme pourra être d'un an. (*Art.* 225.)

La contrebande de tabac avec attroupement et port d'armes sera poursuivie et punie comme en matière de douane. (*Art.* 226.) Voir N° 1 à 3.

Nota. Quant aux importations de tabac, soit par mer, soit par terre, elles rentrent d'ailleurs dans la classe des infractions aux lois de douanes, et, dans ces cas, les rapports doivent être rédigés au nom de l'administration des douanes, et on y conclut comme pour marchandises prohibées à l'entrée.

DU MODE DE CONSTATER LES INFRACTIONS AUX LOIS DE DOUANES.

Extrait du Titre IV de la Loi du 9 floréal an 7.

Art. 1er. Deux préposés de l'administration des douanes, ou autres citoyens français, suffisent pour constater une contravention aux lois relatives aux importations, exportations et circulation.

Art. 2. Ceux qui procéderont aux saisies feront conduire dans un bureau de douanes, et, autant que les circonstances pourront le permettre, au plus prochain du lieu de l'arrestation, les marchandises, voitures, chevaux et bateaux servant au transport.

Ils y rédigeront de suite leur rapport.

Art. 3. Les rapports énonceront :

La date et la cause de la saisie ;

La déclaration qui en aura été faite au prévenu ;

Les noms, qualités et demeures des saisissans, et de celui chargé des poursuites ;

L'espèce, poids ou nombre des objets saisis ;

La présence de la partie à leur description, ou la sommation qui lui aura été faite d'y assister ;

Le nom et la qualité du gardien ;

Le lieu de la rédaction du rapport, et l'heure de sa clôture.

Art. 4. Dans le cas où le motif de la saisie portera sur le faux ou l'altération des expéditions, le rapport énoncera le genre de faux, les altérations ou surcharges.

Lesdites expéditions, signées et paraphées des saisissans, *ne varietur*, seront annexées au rapport, qui contiendra la sommation faite à la partie de les signer, et sa réponse.

Art. 5. Il sera offert main-levée, sous caution solvable, ou en consignant la valeur des bâtimens, bateaux, voitures, chevaux et équipages saisis pour autre cause que pour prohibition de marchandises dont la consommation est défendue.

Et cette offre, ainsi que la réponse de la partie, sera mentionnée au rapport.

Art. 6. Si le prévenu est présent, le rapport énoncera

qu'il lui en a été donné lecture, qu'il a été interpellé de le signer, et qu'il en a reçu de suite copie, avec citation à comparoître, dans les vingt-quatre heures, devant le Juge de Paix de l'arrondissement.

En cas d'absence du prévenu, la copie sera affichée dans le jour à la porte du bureau.

Ces rapports, citations et affiches, devront être faits tous les jours indistinctement.

Nota. Si le cas étoit correctionnel, le prévenu, qui n'auroit pas été mis en arrestation, sera cité à comparoître en personne devant le tribunal correctionnel; la citation lui sera donnée à son domicile, s'il réside dans le ressort du tribunal, et, dans le cas contraire, elle lui sera donnée au domicile du Procureur du roi, près ce même Tribunal.

Il y aura trois jours, au moins, entre celui de la citation et celui indiqué pour la comparution. (28 *avril* 1816, *art.* 45.)

Art. 7. Lorsqu'il y aura lieu de saisir dans une maison, la description y sera faite et le rapport y sera rédigé.

Les marchandises dont la consommation n'est pas prohibée ne seront pas déplacées, pourvu que la partie donne caution solvable pour leur valeur.

Si la partie ne fournit pas caution, ou s'il s'agit d'objets prohibés, les marchandises seront transportées au plus prochain bureau.

Art. 8. A l'égard des saisies faites sur les bâtimens de mer pontés, lorsque le déchargement ne pourra avoir lieu de suite, les saisissans apposeront les scellés sur les ferremens et écoutilles des bâtimens.

Le procès verbal, qui sera dressé au fur et à mesure du déchargement, fera mention du nombre, des marques et des numéros des ballots, caisses et tonneaux.

La description en détail ne sera faite qu'au bureau, en présence de la partie, ou après sommation d'y assister : il lui sera donné copie à chaque vacation.

L'apposition des scellés sur les portes, ou d'un plomb ou cachet sur les caisses ou ballots, aura lieu toutes les fois que la continuation de la description sera renvoyée à une autre séance ou vacation.

Art. 9. Les rapports ne sont dispensés de l'enregistrement qu'autant qu'il ne se trouvera pas de bureau dans la commune du dépôt de la marchandise, ni dans celle où est placé le tribunal qui doit connoitre de l'affaire; auquel cas le rapport sera visé le jour de sa clôture, ou le lendemain avant midi, par le Juge de Paix du lieu, ou, à son défaut, par l'agent municipal.

Art. 10. Les rapports seront affirmés au moins par deux des saisissans, devant le Juge de Paix ou *son suppléant*, dans le délai donné pour comparoître.

L'affirmation énoncera qu'il en a été donné lecture aux affirmans.

Art. 11. Les rapports, ainsi rédigés et affirmés, seront crus jusqu'à inscription de faux.

Les tribunaux ne pourront admettre, contre lesdits rapports, d'autres nullités que celles résultantes de l'omission des formalités prescrites par les dix articles précédens.

Nota. Hors le cas d'inscription en faux, et celui des injures et voies de fait, nulle preuve testimoniale ne sera admise contre les procès verbaux des employés. (28 *avril* 1816, *dernière disposition de l'article* 49.)

TABLE ALPHABÉTIQUE

Des différentes Infractions développées dans cet ouvrage

FIN.

De l'Impr. de CELLOT, rue des Grands-Augustins, N° 9.

www.ingramcontent.com/pod-product-compliance
Ingram Content Group UK Ltd.
Pitfield, Milton Keynes, MK11 3LW, UK
UKHW031925260826
14628UKWH00003B/1431

9 782014 033380